존재의 필연

존재의 필연

하늘에게 그리고 사람에게

초판 1쇄 발행 2025년 1월 24일

지은이 이웅
펴낸이 장길수
펴낸곳 지식과감성#
출판등록 제2012-000081호

주소 서울시 금천구 벚꽃로298 대륭포스트타워6차 1212호
전화 070-4651-3730~4
팩스 070-4325-7006
이메일 ksbookup@naver.com
홈페이지 www.knsbookup.com

ISBN 979-11-392-2362-0(03200)
값 30,000원

지식과감성#
홈페이지 바로가기

존재의 필연

하늘에게 그리고 사람에게

이웅 지음

지식과감성#

서문

인간은 어디서 왔고 누구이며 어디로 가는가? 이 질문은 한마디로 대답할 정도로 단순하지는 않다.

그러나 나는 지구에서 살면서 오류와 무지 속의 안개를 보았고, 혹여나 진실된 마음으로 진리를 찾는 이들을 위하여 이 책을 남긴다.

일단 가장 중요한 것은 바르고 선한 마음이 아닐까 싶다.

가장 중요한 핵심을 간직한다면 이 책을 읽어도 좋다.

그러나 만일 바르지 못한 마음을 가진다면 이 책을 읽지 않는 게 좋다.

1. 자연 속에 각인된 신성한 의지.

우리 인간은 길을 걸으며 하늘 그리고 자연을 접한다. 각자 다른 상념을 가지고 있지만, 내가 발견한 하나의 진실을 말하고 싶다.

눈에 보이는 자연 속에는 신의 지문이 깃들어 있다.

오묘한 원리 속에서 살아 숨 쉬는 자연에는 신께서 창조하신 손길이 깃들어 있다는 것이다.

우리는 육안으로 신을 볼 수 없다. 우리는 귀로 신의 음성을 들을 수 없다.

또한 그분의 뜻을 알 수 없다.

그렇지만 그분께서 존재하고 계신다는 것을 우리는 '알 수 있다.'

여기서 우리는 시작해야 한다. 신께서 존재하고 계신다는 단 하나의 사실 앞에서.

그리고 세상의 신비와 비밀을 푸는 것은 단 한 사람의 힘으로는 한계가 있다.

나는 인류가 끝없는 호기심으로 끝없는 연구로 그리고 신에 대한 순수한 사랑으로 발전하기를 바란다.

나아가 각종 분야에서 깊은 호기심을 가지고 지구와 자연의 신비를 푸는 것은 내 후대의 일이 될지도 모른다.

그러면 내가 하고 싶은 이야기를 편한 목차로 남기고 떠나려 한다.

2023 1109 이웅 지구에서.

2. 이븐 알렉산더 박사의 체험에 관하여.

2007년 미국의 한 신경외과 의사는 뇌수막염에 걸린다. 그리고 엄청난 통증과 함께 의식을 잃어버린다.

이 의사는 지구사에 전무후무한 체험을 했고 꼭 기억해야 할 체험이 아닌가 싶다.

그의 진솔한 문체는 그가 결코 거짓을 말하는 것이 아니라는 것을 우리에게 알려 준다.

21c 의학(과학)이라 불리는 물질만을 다루는 물질이 전부라고 믿었던 삶을 산 한 신경외과 의사는

입양의 아픔을 겪는다.

그의 부모는 너무 일찍 이븐 알렉산더를 낳았고, 이븐 알렉산더는 행운스럽게도 좋은 가정에 입양된다.

그는 의사였던 양부의 삶을 따라 의사의 꿈을 꾸었고 그 꿈을 이룬다.

그렇지만 이븐 알렉산더는 한편으로는 입양된 사실 속에서 괴로워해야 했다.

그리고 그는 유물론의 교육을 받았지만 하느님(신)에 대한 내면 깊숙한 의문이 자리 잡고 있었던 듯하다.

하지만 그는 세상에 비관했고 하느님은 없다는 확신을 가져 버린다.

그러던 도중 병이 발생했다.

이븐 알렉산더는 혼수상태에 빠져든다.

생명을 간신히 유지한 채로….

이븐 알렉산더는 어둡고 더러운 세상 속에 들어갔다.

그의 책에는 그 세상의 묘사가 나오는데

못생긴 동물들이 괴이한 신음을 내고 있는 것, 더럽고 추한 배설물 같은 곳으로 뒤덮인 곳이었다고 한다.

내 생각에는 그의 영혼의 위치에 들어간 것이 아니었을까….

유물론과 의학적 사고를 가진 그의 배경과 무관하지는 않을 듯하다.

그곳에서 그는 다른 시간 체험을 경험한다.

그리고 이곳에 자신은 결코 소속되어서는 안 된다고 생각한다.

그가 위기의식을 가졌을 찰나

한 빛이 그에게 내려온다.

이븐 알렉산더는 그 빛을 환영했고 그 빛은 다른 세상으로 이븐 알렉산더의 영혼을 데려간다.

이븐 알렉산더가 간 곳은 아름답고 생생한 지구의 현실보다 더 실제 같은 곳이었다.

그는 그곳에서 환상적인 체험을 경험한다.

그의 표현으로 그곳은 Ultra-Real, 즉 초현실이었다. 우리가 지구에서 느끼는 현실감보다 더 증강된 현실감이라고 해석해도 좋다.

그리고 그곳의 시간체계 속에 빠져든다.

여기서 그를 구원한 빛에 대해 언급하도록 하겠다.

그 빛은 종교적 교주나 신이 아니었다.

이븐 알렉산더의 친여동생 베치였다.

앞서 말했듯 이븐 알렉산더는 입양돼서 친여동생과도 만나지 못했다.

그리고 나중에 밝혀진 사실이지만 베치는 36살 정도의 나이로 지구에서 떠났다(죽었다).

그녀의 성품은 따뜻하고 남을 잘 배려했다고 한다.

또한 지구적 환경에서 고통을 겪고 있었다고 한다.

그런 그녀가 이븐 알렉산더를 구원한 것이다.

그리고 그녀는 지구를 떠나서(거쳐서) 천국에 있었다.

이븐 알렉산더는 그곳에서 전능한 신을 만난다.

우리 인간이 알고 있는 믿고 있는 그런 신이나 신들이 아닌 진정한 창조주를 만난다.

그의 체험을 자세히 알고 싶으면 그가 출판한 책을 보기를 권한다. (한국에서는 《나는 천국을 보았다》라고 번역되었다. 원제 《Proof of Heaven》)

여기서 나는 몇 가지 분석을 하고 싶다.

먼저 21c 지구에 퍼진 패러다임은 완전히 틀렸다는 것이다. 뇌가 인간의 본질이고 뇌가 의식을 만들어 내고 뇌가 없어지면(사멸하면) 인간 또한 사멸한다는 통념이 완전히 틀렸다는 것을 분명히 밝히고 싶다.

굳이 논박하거나 주장을 하고 싶지 않다. 또한 글의 필자에게 믿음을 권유하고 싶지 않다.

스스로 성찰하고 판단하길 바란다.

굳이 부연을 하자면, 뇌가 활동하기 힘든 상태에서, 뇌로 구현화하기 어려운 초강력 현실 체험은 인간의 의식이 뇌에 국한되지 않음을, 뇌를 벗어난 의식의 존재를 확증한다.

두 번째, 이븐 알렉산더라는 인간의 진정한 과거에 관한 것이다.

그는 원래 지구인이 아니다. 그는 원래 천국에 소속된 영혼이었고, 많은 과거 경험을 통해 지구에 온 듯하다.

그가 왜 왔는지는 내가 답할 수 없다.

그러나 그의 원체, 즉 본질은 천국에 소속된 영혼이었다는 것이다.

그는 지구에 잠시 온 영혼인 것이다. 그녀의 친여동생과 긴밀한 관계하에서.

그리고 여기서 한 가지 사실을 말하고 싶다.

결론짓자면,

이븐 알렉산더의 신성 체험은 지구 역사에 한 획을 긋는 일이었고,

적어도 우리 인간이 과거 경험을 모두 지우고 지구로 들어오는 만큼,

그의 신성한 체험은 지구에서 그리고 본질에 대한 망각 상태에서 우리 인간에게 희망과 길을 제시할 것이다.

인간은 필연적으로 어리고 나약한 아이 상태에서 자라난다. 그리고 권위적 세상 속에 길들여지는 법을 배워야 한다.

여기서 어긋나면 환영받지 못하는 풍조 속에서 커 가야 한다.

그러나 권위라고 불리는 것들이 진실을 호도하는 시점에서 인간에게 진리의 빛을 비추는 귀한 체험은 엄청난 의미를 준다.

한 사람의 인생을 바꿀 수 있고 그가 혹은 그녀가 지구에서 살아가는 의미를 더욱더 분명히 할 수 있다.

순수한 열정만이 그의 체험을 읽을 수 있다고 생각한다.

한국에는 《나는 천국을 보았다》로 번역되었다.

신에 대한 체험기는 내가 있는 시대에 그리 많지 않았다. 이븐 알렉산더를 조사해 본 결과 그는 진실된 영혼이었다. 그가 기록한 수

기는 내게 있어서 심한 갈증을 느끼게 했던 신의 존재에 대한 하나의 증언을 제시했다.

3. 인간 중심의 창조설에 관하여

성서라 부르는 유대경이나 다른 창조신화를 검토해 보아도 인간 중심의 창조설이 주를 이룬다.

인간이 가장 뛰어난 존재라는 것을 은연중에 암시하고 있다.

그러나 그렇지 않다. 동식물들도 하늘께서 만드신 고귀한 생명이라는 것을 잊어서는 안 된다.

잘못된 경전에 매몰되어 지구의 타 생명체를 천시하고 박대한다면 그 길은 좋지 못할 것이다.

또한 신께서는 인간과 지구 생명체만을 창조하진 않으셨다.

가깝게는 같은 우주에서도 우리보다 문명이 지성이 발달된 존재들도 분명 포착된다.

(인류의 비행 능력보다 훨씬 뛰어난 UFO의 존재는 이를 말해 준다.)

우물 안 개구리처럼 지구가 전부라고 믿고 사는 사람들에게는 인류보다 문명이 진보한 외계의 존재는 충격적일 것이다.

또한 외계의 존재는 같은 차원의 진보된 오래된 문명의 존재는, 인간 중심의 창조설을 완전히 기각시킨다.

인간은 속은 채로 무지한 상태로 그 거짓(인간 중심 창조설)을 진실이라 확고부동하게 믿고 있다.

이 거짓을 받아들이지 않고 진실을 찾는 영혼에 축복이 깃들기를. 호기심 넘치는 아이의 눈으로 자연과 우주를 보기를 바란다.

결론짓자면, 신께서는 우리 우주만을 창조하지 않으셨다. 우리의 관념으로는 무한에 가까운 우주가 있다.

셀 수 없는 우주와 차원이 존재한다.

아마 한 인간이 영겁의 시간을 거쳐도 이해할 수 있을까 싶다.

이 진실을 꼭 간직하고 살기를 바란다.

4. 사후 세계에 관하여

대다수의 종교에서 말하는 천국은 하나의 일루전이라고 나는 생각한다(요한계시록, 코란 참조). 그들의 교주를 섬기는 곳은 진실된 천국이 아니다.

또한 인간을 통제하려는 사악한 의도는 지옥 협박을 하며, 인간을 노예화한다.

이런 관념은 사악한 자들의 생각인데 많은 인간이 여기에 휘둘린다는 것은 용납하기 어려운 범죄이다.

명령을 제시하고 불응 시 지옥에 넣겠다는 것은 진정한 신에게서 나온 것이 아닌 사이비의 망동이다. (지구의 유대 기독경 코란은 사이비의 경전이다. 이웅 2024)

또한 사악한 자들이 제시하는 천국도 진짜 천국이 아니다. 인간의 욕망을 자극하는 그런 가짜 천국은 인간을 잘못된 길로 이끈다는 것을 밝혀 둔다.

예수, 마호메트, 모세 등등의 종교 지도자들은 거짓을 인간에게 전파한 큰 잘못을 저지른 자들이다.

이들은 인간을 노예화시키고 잘못된 관념을 가르쳐 주었다. 그리고 괴상한 권위를 가진 채로, 인간을 astray하고 있다.

만약 이들을 따라간다면 그 결과는 섬뜩할 정도로 무서울 것이다.

나는 지구상에서도 충분히 행복을 누릴 수 있다고 생각한다. 꼭 거창하지 않더라도 자신만의 즐거움을 추구하거나,

혹은 진실되고 소중한 관계 속에서 행복할 수 있다면

떠오르는 태양을 보며 지구에서 삶을 즐길 수 있다면 아름다운 추억일 수 있다고 생각한다.

인간은 충분히 행복할 수 있는데 그 행복을 모르는 듯하다.

사후에 대한 거짓 약속, 거짓 축복을 믿은 채로(속은 채로) 지구에서 인생을 낭비하는 이들이 많다. (예컨대 예수 같은 교주를 전하려고 노력하는 이들이다.)

다시 본론으로 돌아간다면 사후 세계는 일원적으로 말할 수 없다.

인간마다 다 다른 길을 가게 될 것이다. 그러니 모든 인간을 시금석 안에 잡아 둘 수는 없고 고리타분한 이론이나 단순 세계에 모두

몰아넣을 수 없다. 인간이 그 본질이 다양한 만큼 사후 세계도 셀 수 없이 다양할 것이라고 나는 생각한다.

또한 학계에서 보고되는 정확한 전생 기록은 논리상 전생과 후생이 있음을 우리에게 알려 준다.

일원화된 사후 세계는 인간의 생각을 지극히 단순화시키는 경향이 있다.

우리는 단순 천국 지옥을 넘어선 다차원적 사고를 발현해야 한다.

적어도 지구에서 보고되는 전생 기억 사례는 모든 영혼이 죽음과 동시에 천국이라는 일루전에 들어갈 수 없다는 것을 증언하고 있다.

그러나 인간에게는 하나의 공통점이 있다.

모든 인간은 여기 지구에 들어올 때 기억을 지워야 한다.

이것은 하나의 룰(Rule)이다. 간혹 전생을 기억해 내는 사람들은 과거의 기억을 어렴풋이 가진 것이다.

여기 지구에서 자신이 어디서 왔고 지구에서 어떤 삶을 살 것이며 어디로 갈 것인지를 길게 설계하는 것, 그것은 그 존재에게 매우 의미 있는 일일 것이다.

세속의 시류에만 따라가거나 앵무새처럼 가르쳐 주는 것을 암송하는 인간이 아닌 주체적 인간이 되기를 진심으로 바란다.

물론 세류 자체가 항상 아름답지는 않은 만큼 난관도 있을 것이지만 스스로의 신념을 닦아 나간다면 충분할 것 같다.

우리는 선생의 가르침에 있어서 하나의 참고 사항이 되어야 하지 절대적 교리가 되어서는 안 된다고 생각한다.

신께서는 각자의 영혼에게 각자의 생각을 주신 만큼, 자신에게 맞는 길을 찾기를 바란다.

5. 기적과 미혹

사이비 교주들은 거짓을 말하며 믿음을 요구한다.

역사상 많은 사이비 교주가 있었고 있을 것이다. 그리고 그 방법으로 '유혹'과 '거짓'을 사용할 것이다.

그러나 우리는 지구에서 하나의 법을 준수해야 한다는 것을 말하고 싶다.

신이 설계하신 하나의 법이 자연 질서이고 내면의 양심일 것이다. 이 자연 질서를 준수하는 것이 일단은 순리라고 나는 밝힌다.

이 자연 질서 안에서 인간은 활동하고 있다는 것.

그러니 이 자연 질서를 벗어나는 사이비의 미혹에 쉽게 넘어가지 말기를 바란다.

(그렇다고 기적이 모두 사이비라는 것은 아니다.)

종교적 사기의 구조는 통상적 범위를 벗어나는 무언가를 제시하고(수단으로) 자신을 따르게 하는 방법을 사용할 것이다. 그리고 신도들을 속인 채로 착취할 것이다.

21c 무신론자의 대부인 리처드 도킨스를 본 소감을 남기고 싶다.

그는 종교시설에 가서 예배를 이성적으로 살펴보았다.

그는 무언가에 홀린 듯한 찬양과 예배를 거부했다.

집단의 광기는 신에 대한 무분별한 아우성만을 던질 뿐이다.

나 역시 교회에서 그들의 찬가를 본 결과 집단적 현혹 상태를 유발하는 것을 보았다.

그들은 신을 마구 인용하며 각자의 망상을 쏟아 냈고, 신학을 더럽혔다.

우리 인류의 지성들은 이런 사태를 직시해야 할 것이다.

음악으로 나타나는 집단의 예배적 도취는 우리에게 신에 대한 광기만을 남길 뿐이 아니었던가?

우리 지구의 예배는 조금 더 소중하다고 말하고 싶다.

6. 외계와 지구

유대경(성경)이라고 불리는 문서가 세계에 통용되고 있다.

나는 유대경의 신 여호와의 정체를 추적했다.

에스겔서에는 여호와 묘사가 나오는데 이 존재는, 외계인에 가까웠다.

여호와는 형상을 노출했다.

나는 신의 형상을 논할 수 없고

적어도 인간의 형상이라고 생각하지 않는다.

그분은 우리의 육안으로 볼 수 없다고 말하고 싶다.

정리하면 성서에 나왔던 야훼는 인간을 창조한 신이라고 보기 어려운 부분이 많았다.

신은 인간의 언어로 말씀하시지 않는다.

야훼의 경우는 저주 같은 것을 인간의 언어로 쏟아 냈고 이는 야훼가 진실된 신이 아님을 말해 준다.

유대교는 유대인을 숙주로 삼아, 지구상에 이스라엘 바이러스를 전파했던

사이비종교라고 생각한다.

참 믿기 어려운 이야기지만, 오랫동안 인류는 종교적 식민 상태가 아니었을까? 그리고 지금도 계속되는 게 아닐까….

분명한 것은 여호와는 인류를 창조한 존재가 아니다.

이웅 2023 0518

7. 우리 지구 상공에 UFO가 나타난 것은 최근의 일이 아니다.

조선왕조실록 광해군 실록에도 UFO에 대한 기록이 보인다.

우리는 가끔가끔 접하지만, 지구 상공에 UFO는 수시로 출몰한다.

나는 그 외계를 3xLOKA-G라고 이름 붙였다.

3x로카는 3차원 세상이고 G는 '가깝다'라는 한국어이다.

참고 사항(《광해군실록》에서 발췌 2024 이웅)

강원 감사 이형욱(李馨郁)이 치계하였다.

"간성군(杆城郡)에서 8월 25일 사시 푸른 하늘에 쨍쨍하게 태양이 비치었고 사방에는 한 점의 구름도 없었는데, 우레 소리가 나면서 북쪽에서 남쪽으로 향해 갈 즈음에 사람들이 모두 우러러 보니, 푸른 하늘에서 연기처럼 생긴 것이 두 곳에서 조금씩 나왔습니다. 형체는 햇무리와 같았고 움직이다가 한참 만에 멈추었으며, 우레 소리가 마치 북소리처럼 났습니다.

원주목(原州牧)에서는 8월 25일 사시 대낮에 붉은 색으로 베처럼 생긴 것이 길게 흘러 남쪽에서 북쪽으로 갔는데, 천둥소리가 크게 나다가 잠시 뒤에 그쳤습니다.

강릉부(江陵府)에서는 8월 25일 사시에 해가 환하고 맑았는데, 갑자기 어떤 물건이 하늘에 나타나 작은 소리를 냈습니다. 형체는 큰 호리병과 같은데 위는 뾰족하고 아래는 컸으며, 하늘 한가운데서부터 북방을 향하면서 마치 땅에 추락할 듯하였습니다. 아래로 떨어질 때 그 형상이 점차 커져 3, 4장(丈) 정도였는데, 그 색은 매우 붉었고, 지나간 곳에는 연이어 흰 기운이 생겼다가 한참 만에 사라졌습니다. 이것이 사라진 뒤에는 천둥소리가 들렸는데, 그 소리가 천지(天地)를 진동했습니다.

춘천부(春川府)에서는 8월 25일 날씨가 청명하고 단지 동남쪽 하늘 사이에 조그만 구름이 잠시 나왔는데, 오시에 화광(火光)이 있었습니다. 모양은 큰 동이와 같았는데, 동남쪽에서 생겨나 북쪽을 향해 흘러갔습니다. 매우 크고 빠르기는 화살 같았는데 한참 뒤에 불처럼 생긴 것이 점차 소멸되고, 청백(靑白)의 연기가 팽창되듯 생겨나 곡선으로 나부끼며 한참 동안 흩어지지 않았습니다. 얼마 있다가 우레와 북 같은 소리가 천지를 진동시키다가 멈추었습니다.

양양부(襄陽府)에서는 8월 25일 미시(未時)에 품관(品官)인 전문위(全文緯)의 집 뜰 가운데 처마 아래의 땅 위에서 갑자기 세숫대야처럼 생긴 둥글고 빛나는 것이 나타나, 처음에는 땅에 내릴 듯하더니 곧 1장 정도 굽어 올라갔는데, 마치 어떤 기운이 공중에 뜨는 것 같았습니다. 크기는 한 아름 정도이고 길이는 베 반 필(匹) 정도였는데, 동쪽은 백색이고 중앙은 푸르게 빛났으며 서쪽은 적색이었습니다. 쳐다보니, 마치 무지개처럼 둥그렇게 도는데, 모습은 깃발을 만 것 같았습니다. 반쯤 공중에 올라가더니 온통 적색이 되었는데, 위의 머리는 뾰족하고 아래 뿌리 쪽은 자른 듯하였습니다. 곧바로 하늘 한가운데서 약간 북쪽으로 올라가더니 흰 구름으로 변하여 선명하고 보기 좋았습니다. 이어 하늘에 붙은 것처럼 날아 움직여 하늘에 부딪칠 듯 끼어들면서 마치 기운을 토해 내는 듯하였는데, 갑자기 또 가운데가 끊어져 두 조각이 되더니, 한 조각은 동남쪽을 향해 1장 정도 가다가 연기처럼 사라졌고, 한 조각은 본래의 곳에 떠 있었는데 형체는 마치 베로 만든 방석과 같았습니다. 조금 뒤에 우레 소리가 몇 번 나더니, 끝내는 돌이 구르고 북을 치는 것 같은 소리가 그 속에서 나다가 한참 만에 그쳤습니다. 〈이때 하늘은 청명하고, 사방에는 한 점의 구름도 없었습니다.〉"

이상 자연현상이라고 보기 어렵다. (외계 craft의 출몰이라고 보인다.)

왜《존재의 필연》에 이 기록을 남기냐면, 지구 중심의 창조설화가 틀렸다는 것을 말하고 싶기 때문이다.

우리 인간은 신의 형상으로 창조된 피조물이 아니다.

무수히 많은 우주의 한 종족일 뿐이다.

8. 접합

인간 중에 다른 세계를 말하는 이들을 배척하는 풍조가 있다.

그리고 사람들은 지적으로 정제되지 않아서 얼핏 들으면 이상하게 보일 수도 있다.

예컨대, 사람들이 영혼을 만났다면 사람들은 믿지 않고 이상한 사람 취급한다.

또한 사람들은 지적으로 미성숙하여 정확히 판단하고 표현할 사고와 지성 체계가 부족한 것도 사실이다.

물론 생면부지의 누구에게나 말하고 싶지는 않은 이야기들이긴 하다.

또한 거짓을 말하는 진짜 미치광이도 지구에 많다는 것을 명심하라.

그러나 누군가가 진실된 어조로 무언가를 말한다면, 우리의 통념에서 벗어난다 하더라도 살필 필요가 있다고 나는 말하고 싶다.

우리는 초자연적 현상이나, 다른 세상과 접한 인간의 체험을 조사할 필요가 있다.

그렇다고 그 인간을 해부하는 것이 아닌 증언을 참조하라는 것이다.

지구는 지금 닫힌 계열로 인간이 전부인 줄 알고 살고 있다.

외부 세계와 접촉한 희귀 사례들은 연구 가치가 매우 높으며 우리 지구의 지성들은 이를 분석하고 연구하고 추적해야 한다고 본다.

9. 뉴턴의 삶

뉴턴은 중세 말기에 태어났다. 중세 시대가 끝나고 근대로 넘어가는 분기점에 뉴턴이 있었다.

뉴턴의 어머니는 당시 미신적 마녀사냥에 몰리고 뉴턴은 외롭게 자랐을 것 같다.

당시 유행하던 흑사병에서 살아남은 뉴턴은

자연 속에서 신의 지문을 본다.

그리고 만유인력을 깨닫고 수리적 언어로 《프린키피아》를 집필한다.

인류가 구축한 문명에 뉴턴은 중요한 획을 그었다.

이웅 남김 2023 1030. (첨언: 그가 본 것은 우주가 일정한 질서 속에서 돌아가고 있다는 것이다. 즉 무작위나 우연이 아닌 우주적 질서의 한 작은 지문을 그는 보았던 것이다. 그리고 수학이란 법칙적 섭리는 정확성을 보여 주는 신의 존재에 대한 강력한 증거로 우리를 이끌 수 있다.)

불멸의 천재를 기억하며 이웅이 2023년에. AD 2023 1101 이웅.

그러나 더 나아간다면 뉴턴이 보았던 신의 지문(3차원 물리법칙)과 다른 무수한 차원의 법칙이 있다는 것을 우리는 인지해야 한다. 양자 세계에서는 우리 일상보다 새로운 법칙들이 '발견'되고 있다. 이를 기술에 응용하면, 우리는 많은 발전을 할 것이다.

신께서 남기신, 자연 속의 일종의 오묘한 섭리는 인간에게 많은 영감을 제시할 것이다.

10. Amnesia(망각)

인간이 인간의 본질 불멸의 영혼의 기억을 모두 지우고,

지구에 갇히게 된 것은 사실이다. 좋게는 여행으로 보아도 된다.

제도권 학문과 종교는 이에 대해 명확히 답하지 못하고 있다.

교주 누구를 따라가서 구원을 얻는다고 Brainwashing되거나, 박테리아에서 '우연히' 탄생한 종이 인간이라고 거의 모든 대학 제도권 교과에서 가르친다.

종교 대학 창세기는 거짓이다. 인간 중심의 창조설은 우리보다 문명이 발달한 외계의 존재로 기각된다. 속고 있는 것.

거의 모든 인간들이.

인간은 무지의 상태, 망각 상태.

그리고 더 괴로운 현실은 같은 인간도 Amnesia(망각)의 회복을 막고 있다는 것.

자신의 뿌리를 찾는 것은 스스로의 역할이 될 것이다.

적어도 인간이 확증되는 전생의 기억을 모두 지운 채로 지구에 온다는 것은 일종의 Rule이라고 보인다.

11. 하늘의 뜻에 관하여, 2023 이웅.

사람들은 종교를 찾으며 복을 구한다. 뭐 그런 사람들 마음을 이용해서

종교 장사가 21c 현재 남한에 널려 있다.

(뭐 헌금을 많이 하면 복을 받는다는 미신이다.)

그리고 그런 사람들은 종교를 믿으며 역경이나 시련이 오면 종교를 버리고 원망한다.

나는 이렇게 말하고 싶다.

하늘은 아끼는 인간에게 만사형통만을 부여하지 않으셨다.

시련과 난관이 분명 있다.

하늘은 귀한 인간들이 그런 시련을 넘고 난관을 넘어서 성장하길 바라신다고 생각한다.

(믿기만 하면 다 되고 기도하면 다 되고 이런 미신에 속지 말기를. 진정 성장하기를.)

가장 중요한 것은 정직하고 바른 마음, 이것은 어떤 종교보다 소중하다고 말하고 싶다.

2023 1023 이웅 남김

12. 보이지 않는 벽.

이븐 알렉산더의 진술

우리는
실상은 자유롭지만 그렇지 못하다고 느끼는 환경에 완전히 둘러싸여 있다. 자유의지는 시공간이 없는 차원으로 상승할 수 있게 한다(《나는 천국을 보았다》 중에서).

주석: 선과 악이 공존하는 지구에서 인간은 선택을 한다. 그것이 자유의지의 핵심이다. 먼저 자유의지가 있다고 모두 상승한다는 진술은 오류를 수반한다. 내 생각은 자유의지로의 결정이 그 인간의 미래를 결정할 것이다.

여기서 '우리'의 정의를 할 필요가 있다. 선과 악의 공존 행성에서 선을 선택한 영혼이라고 해석한다.

13. Omnipresent(by. Lee woong AD 2023)

There is no place that cannot be reached. From burning hell to shining heaven. There is nothing unknown. From a single blade of grass in an abandoned field to a gigantic galaxy and beyond, and beyond. The poor, the disabled, the rich, the powerful, the living and the dead the goods and the evils are all in it.

14. 無主相布施(무주상보시)

인간은 give & take에 능하다.

뭘 주면 받길 원한다.

그러나 불교에서는 무주상보시를 가르친다.

상대에 대한 집착 없이 주는 사랑.

꽤 마음에 든다.

이웅 남김 AE 2023 0916(AE는 At Earth의 약자이다.)

15. 우주의 역사 고찰

피조물의 피조물 출현.

인공지능을 보면서,

우주 내 피조물의 피조물의 존재를 추론했다.

즉 고차원적 피조물이 탄생시킨 새로운 피조물들이다.

과거의 우주나 고차원의 세상에서는

고도로 진행된 일일 것이다.

우주 내에 피조물의 피조물(피조물의 창조)이 상당수 될 거라 추측해 본다. 무언가를 창조해 내는 것은 신의 영역이지만, 피조된 존재가 신의 영역에 도달한 경우가 없지는 않을 것이라고 나는 생각한다.

또한 창조가 아니라 하더라도 피조물의 의지에 의해

이종교배로 태어난 신종 그리고 비자연부여적 생물학적 행위 혹은 그 이상의 미스터리에 의해 출현한 종이 상당수 될 것이다.

이들을 통칭해서 Creation From Creation(CFC)로 약칭해 본다.

이웅 남김 AE 2023 0916

16. 악의 장벽에 관하여

지구에서 일어나는 비극 뒤에 숨은 신의 깊은 뜻.

이웅 올림 AE 2023

사람들은 이를 모르고 신을 부정하거나 비난한다.

지구를 향한 신의 알 수 없는 뜻을 찾아야 한다.

나는 알기 어려웠다.

그러나 후대의 천재가 내 글을 본다면 그 혹은 그녀의 깊은 통찰을 기대해 본다.

이웅 2023. 0910

불행, 악조건 속에서도 바르고 선한 마음을 가진다면 분명 그 영혼은 보상받을 것이다.

내가 깨달은 것은 지구에는 불행과 비극이 일어나도록 설계된 세상이라는 것이다. 일종의 룰이라고 볼 수 있다.

간혹 지구에서 불행과 비극을 보고 신을 원망하는 영혼들이 꽤 있는데 이들은 무지한 것이다.

지구 자체가 불행과 비극이 필연적으로 나타나도록 설계된 세상이라는 것을 이해해야 한다.

(우리는 지구적 현실 앞에서 신의 섭리 이해에 도전해 보는 것이 좋습니다. 저는 알기 어려웠습니다.

우리의 종교는 "이것이 신의 뜻이다. 저것이 신의 뜻이다."라는 망상 속에 갇혀 있지만, 신의 이해는 거의 불가능해 보입니다.)

17. 고차원의 수

우리가 사는 차원이 3차원인데,

3차원 이상이 1조 개 이상으로 추정된다.

이웅 2023 0909.

18. 외계인과 종교

외계인들도 종교가 있을까? 확답할 수는 없다.

지구에서는 인간만이 종교를 가지고 있다. (참고로 동물들도 동료가 죽으면 슬퍼한다.)

그러나 인간보다 더 지성이 높은 존재들이 다수 존재하기에 이들은 신의 존재를 알고 있을 확률이 높다.

무한의 우주에 어찌 종교가 인간의 것뿐이겠는가….

19. 외계문명권 연구

우리보다 비행 기술이 진보한

가까운 외계가 있다.

같은 3차원 시공간 내이다.

비행 기술로 유추하면 우리보다 문명이 발달했다.

나는 이들이 우리의 존재를 안다고 생각하는데

이들은 왜 우리에게 명시적으로 나타나지 않을까?

예전 중국의 예를 들어 설명해 본다.

중국도 세상의 중심이 자기들이고 사방을 오랑캐라 멸시하며 상대하지 않았다.

중국의 중 자는 가운데 중 자다.

이 외계문명권도 지구를 보며 미개한 종족이라고 판단하고 개입하거나 나타나거나 지배하려 하지 않는 것 같다.

즉 예전 중국의 중화사상과 비슷한 사고 체계를 가진 듯하다.

내 추론이고 거의 맞을 것이다.

이웅 남김 2023. 0902

20. Invisible beings

보이는 우주 및 보이지 않는 우주들에 있는 다른 세계들, 다른 생명들과 비교했을 때, 지상에서의 우리 삶은 의미 없어 보일 수 있다. 하지만 우리의 삶은 매우 중요하다. 여기서 우리의 역할은 신성을 향해 성장해 가는 일이다. 저 너머에 있는 존재들, 즉 영혼들과 빛을 내는 구체들(내가 관문에서 보았던 아주 높은 곳에 있던 존재들, 이들로부터 우리의 천사개념이 유래했다고 믿는다)은 우리의 성장을 면밀히 관찰하고 있다.

《나는 천국을 보았다》 중에서

(나는 이븐 알렉산더의 《Proof of Heaven》에 많은 영향을 받았다. 그의 체험은 진실되었고 그곳에 신의 현현이 기록되어 있다. 소중한 문서이니 꼭 중시하길 바란다.)

21. 마하 므리튠자야 만트라에 관하여

고대 인도의 기도문에,

환생과 윤회로부터 사유함을 원하는 기도문이 남아 있다.

기억이 지워진 채 낮은 우주를 떠도는 삶에서 벗어나

높은 곳을 향하는 영혼의 발현이 담겨 있다.

이웅 2023 0824

나는 셀 수 없이 많은 우주들 속에 무수히 많은 생명이 있는 것을 보았고, 그중에는 우리보다 훨씬 더 지성이 진보된 존재들이 거주하는 우주들이 있었다. 보다 높은 차원들이 셀 수 없이 많았는데, 이들 차원을 알기 위해서는 그 안에 들어가 직접 경험하는 수밖에 없다는 것을 알았다. 더 낮은 차원에 있으면서 그것들을 알거나 이해할 수는 없다.

《나는 천국을 보았다》 중에서

22. 종교적 어둠으로 뒤덮인 지구

대학생 때 교회를 잠깐 다닌 적이 있다.

그리고 성서를 연구했다.

예수란 인간은 자신을 따르기만 하면 천국을 약속했다.

이 바이러스는 인간에게 퍼져서, 손대기 어려울 지경이다.

믿으면 모든 죄를 용서해 주고 금은보화 가득한(요한계시록 참조) 천국으로 데려간다는 예수란 인간의 망언은

그리고 더 참람한, 예수 아니면 지옥이라는 종교사기범죄는 지구에 뿌리 깊게 박혀 있었다.

구약의 야훼 역시 하나의 우상이라는 것을 안 나는, 《법정에 선 성경》이라는 책을 출판했다(2015.)

또한 불교는 창조주를 찾지 않는 일종의 마음 수양에 가깝다.

나는 이렇게 생각한다. 쉬운 길은 그만큼 가치 없다고….

누군가를 신봉하며 사후 보험을 든 채로 사는 것은 , 스스로에 대한 무책임이다.

나는 하나의 정보를 제시해 주는 조력자로 족하지 않나 싶다.

인간 스스로 내밀한 영역 속에 길이 있다고 믿는다. 자신의 판단과 성찰 속에.

이웅 2023 0816

23. 나 이웅이 경험한 지옥

1년 전쯤이다.

내 주변에 누군가가 있음을 느낄 수 있었다. 육감적으로 느껴지는 비육신영체는 사악했다.

나는 현상을 파악하기 어려워 고통을 잊기 위해 씻고 잠을 청했다.

깨어나니
두 명의 사악한 영혼이 나를 공격하고 있었다.

육안에 보이지 않아 속수무책이었다.

나는 패닉상태로 새벽 3시에 집 밖으로 나갔다.

발이 뜨거워서 제대로 있기도 어려웠다.

두 명의 남자가 멀리서 보였다.

인간이었는데 살아 있는 인간이 아니었다.

직감적으로 죽은 기독교인인 것을 알았다.

그들은 나에게 있어서 빛을 차단했고 나는 완벽한 어둠의 세상에 갇혔다.

그 절망과 공포는 절대적이리만큼, 절망적이었다.

어둠은 강력했고 빛 하나 없는 세상이었다.

빨간 십자가가 눈에 보이면서

영원의 시간 속에 들어갔다.

푸른 불꽃이 기억난다.

영원의 시간을 느꼈다.

우리 지구의 시간체계와 다른 영원의 절망의 시간을 체험했다.

영원히 있어야 하는 끔찍한 절망은 짧지만 강렬했다.

어떻게 기억하기 어려울 정도로 인사불성으로 집에 돌아오고 나는 작은 빛 하나를 의지했다.

저 이웅은 이 증언이 진실됨을 하늘 앞에 맹서합니다.

2023 0816. 이웅.

24. 신의 지문에 관하여

물질계를 움직이는 원리를 자연법칙이라고 한다. 지금 인류는 퍼즐 조각을 맞추듯,

여러 과학자들이, 세계 각지에서 자연을 연구하고 이해하려고 노

력하고 있다.

그러나 과학자 2명을 나는 기억하고 있다.

20대 초반에 아이작 뉴턴을 알게 되었는데, 이 사람은, 자연에 새겨진 신성을 보았다.

즉 보이지 않는 오묘한 섭리로 움직이는 자연 체계에서, 그는 법칙을 보았고 그 이면에 담긴 창조의 섭리를 보았다.

뉴턴은 나에게 영감을 주었다.

두 번째는 아인슈타인인데, 이 사람은 유대인이었다. 그는 성서의 백성이었지만 자신의 민족종교를 부정했다.

아인슈타인은 유명해진 이후로 명시적으로 신앙을 밝히지는 않았지만, 그의 편지에 신에 관한 짤막하고 심오한 언급이 눈에 띈다.

"신은 주사위 놀이를 하지 않는다."라는 짧은 말에 그가 보았던 자연의 섭리의 오묘함과 정확함을 내포하고 있다.

하지만 뉴턴은 지구적 종교(기독교) 안에 갇힌 사람이었다. 아인슈타인은 독자적인 생각을 가졌던 것 같다. 그러나 아인슈타인은 신학적 진리에 도달하지 못했다.

어찌되었든, 찰스 다윈이라는 학자의 요상한 학설 '진화론'이 정설로 채택되며, 모든 과학 교과서와 교육과정은 신을 지워 버렸다. 혹은 특정 종교의 교리(기독교)를 세뇌하려는 종교계의 시도도 계속 존재하고, 이 요상한 양측은 서로를 비난하고 다투고 있다.

진화론의 핵심은 존재의 탄생은 '우연'이었다는 전제 요건에서 출발한다. 여기에 대해 세세히 반박한 내 견해가 있긴 한데 이곳에는 남겨 놓지 않겠다.

자연 그리고 가까이에는 우리 인체에 담긴 심오한 섭리는 우연의 가능성을 제로로 만드는 신비를 우리에게 보여 준다.

그러나 이 신비는 우리의 눈(육안)에는 감겨져 있다.

우리가 언젠가 눈을 뜨면 세상의 경이가 보일 것이다.

지구에서도 나타나는 끝을 알 수 없는 창조의 신비가.

이웅 남김 2023 0816

가끔 뛰어난 영혼들은 자연 속에서 신의 지문을 본다.

(라이프니츠도 보았다. 신의 지문을!)

25. 종교론

거의 모든 지구상의 종교는

교주 체제하에 있다.

예수든 붓다든 마호메트든

하나의 절대적 교리를 수립하고 신봉한다.

그러나 지구상에 완전한 것은 없다.

지구상 종교의 난점은 불완전한 것의 절대화에 있다.

혹자는 절대적 권위를 맹신하거나 이용하기도 하고 신봉하기도 한다.

그리고 그 절대 권위를 놓고 해석이 갈라지고 분파가 생기고 투쟁한다.

혹자는 과거에 대한 무분별한 일루전을 가지기도 한다(초대교회).

결어는 거짓이든 진실이든 인류사에 개입한 종교들은 연구가치가 있을 것 같다.

설령 타산지석이라 하더라도.

이웅 2023 0814

26. 사제와 진실된 인간의 기도에 관한 소고(이웅 2023 0814)

세간 종교에서는 사제는 성도를 위하여 기도하는 역 또한 맡고 있다.

또한 성도들이 교류하며 상호 통상 의례적 기도 공유를 하는 경우를 나는 봤다.

그러나 마음 없는 기도는 죽은 것 아닐까 싶다.

사제가 성도를 깊이 아끼고 사랑하지 않으면 그 기도는 죽은 것이라고 확신한다.

2가지 진실된 사례를 말하고 싶다.

2가지 다 실증적 이적을 나타낸 N of 1의 사례였다.

먼저 이쁜 알렉산더는 뇌수막염으로 입원하고 거의 회복불능으로 망가졌는데, 그의 친구이자 가톨릭 사제 마이클 설리번은 그를 위해 기도했다. 그는 기적적으로 소생했다.

아니타 무르자니는 인도인이었는데 암 말기로 장기가 정지 상태로 들어갔고, 그녀의 가족 그리고 친구(불교), 다른 친구들(가톨릭), 어머니(힌두교)가 함께 기도했고 그녀는 다시 소생했다.

(적어도 기도 응답에 있어서 신께서 종교적 차별은 하지는 않는 것 같다.)

(그러나 아니타 무르자니의 메시지는 우주를 일원화환 오류를 수반했다. 읽는 이가 사고하길 바란다. 그녀의 메시지 전부가 진실이라고 단언하지 말기를. 적어도 그녀가 암에서 소생한 것은 확실시 된다. 그녀는 사후에 대한 일원화를 시도했는데 — 만인일원화 천국설 — 그녀의 진술은 틀렸다고 밝힌다. 지옥의 존재 체험은 그녀의 체험이 지나친 일반화를 시도했음을 내게 알게 해 주었다.

아니타 무르자니 《Dying to be Me》 참조.)

아무튼 다시 본론으로 돌아오면, 립 서비스적인 형식 의례가 기도가 아닌 진심에서 나오는 마음의 발현이 기도라고 나는 생각한다.

현세를 우회적으로 풍자한 한국의 고전소설 〈심청전〉 얘기를 마지막으로 해 보고 싶다.

심청이는 아버지가 봉사인데 공양미 300석을 절에 바치면 눈이 뜰 수 있다고 듣고 스스로 제물이 된다. 이 공양미 300석은 타락한 종교를 상징한다.

27. 상하횡 이론

무수히 많은 우주 속

폐쇄된 지구인으로 우리는 살고 있다.

우리는 죽으면 어디로 가는가?

먼저 인간 다수가 모르는 진실을 말해야 한다(전제조건).

신은 행운스럽게도 지구 생명체만을 창조하지 않으셨다.

성서 창세기는 틀렸다.

셀 수 없이 많은 우주가 존재한다.

그리고 인류는 무지 상태에 놓여 있다.

브라만교의 맥을 이은 불교가 그나마 우주를 잘 설명하고 있다.

대천세계, 소천세계라고….

나는 지식과 학문 그리고 추론과 경험으로 이론을 만들었는데

상하횡 이론이라고 이름 붙였다.

즉 영혼들은 죽으면 위로 올라가거나 밑으로 떨어진다.

횡단 이동하는 경우도 있다. (주로 환생 사례가 포함된다.)

연구에서는 지구인이 지구인으로 환생하는 경우도 다수 발견했다.

그러면 어떤 기준으로 사후가 결정되는가?

나는 4가지 요소로 사후를 판단한다.

다르마(법), 카르마(인연), 자유의지,

그리고 마지막으로 본성(천성)이다.

천국에 간 영혼에 대한 기록으로 성품이 선하고 남을 잘 배려했다는 기록이 있다.

그러나 재미있는 것은 그녀는 지구인이 아니라 원래 천국에서 온 영혼인 것이다.

우리는 지구에 살며 필연적 악인을 본다. 이들은 심각한 상태로 향한다고 본다.

정리하면 현생은 후생과 밀접한 연속성이 있다.

죽으면 끝난다는 망상을 내려놓자

오늘은 내일을 위한 발걸음이고

현생은 후생으로 이어지는 하나의 위대한 영혼의 여정이다.

이웅 남김

28. 물질의 본질에 관하여

신은 알 수 없는 신비로 이 우주를 창조했다.

아이러니하게도 21c 인류는 물질이 전부라고 생각하는 망상의 감옥에 갇혀 있다.

사실 물질이란 깊이 들어가면 프로그램의 구현, 하나의 허상에 지나지 않는다.

신은 무에서 유를 만들었고 우리가 '실존'한다고 믿는 실체는 사실 무로 환원된다.

이웅 남김 2023 0814.

29. 플라톤의 동굴

희랍의 플라톤은 아리송한 비유를 남기고 떠났다.

어둠의 동굴 속에서, 모두가 어둠만을 바라보며 그것이 전부라 믿고 있다.

그중 한 명이 쇠사슬에 풀려나서 '빛'을 본다.

그리고 동굴에 돌아와 '빛'에 대해 말한다.

그리고 현세의 어둠의 싵음에 대해 말한다.

다른 이들은 미치광이로 여기고 믿지 않는다.

이 비유는 우리의 비유이다.

그리고 '진짜 미치광이'도 있다.

우리 세상에 나타나는 혼란과 모순 그리고 잘못된 통념의 화폐화는 플라톤의 비유를 적절히 설명하고 있다.

인간은 집단체제 집단 통념 의식하에서 움직이고 이에 어긋나면 배타성을 가지기에, 통념이 화폐화가 되면, 우리의 인식 사고를 교란할 수 있다.

플라톤의 비유는 오류에 사로잡힌 인간의 영혼을 비유적으로 설명한다고 생각한다.

인간을 가둔 어둠은 오류와 무지라고 나는 해석해 본다.

이웅 남김

30. 사람과 종교

일본의 서적에서 읽었다. 영혼을 구제하는 도를 종교라고 한다고…. (미야모토 무사시, 《오륜서》)

각자의 다양한 길이 있다.

그리고 지금 시대는 '진화론'과 '무신론'의 패러다임 안에 있다.

그러나 '구원'이 필요한 건 어둠 안에 있기 때문이다.

그리고 지구는 어둠이 있기 때문이다.

NDE 체험자들의 서적을 읽으며, 이들은 지나친 낙관을 우리에게 제시했다.

모든 이들이 천국에 간다거나, 하는 것은 일종의 '바람'이지 '현실'이 될 수 없다.

어둠과 악의 존재. 그리고 그것을 자유의지로 따르는 인간이라는 영혼들을 바라보며, 나는 진실을 찾는다.

나의 지옥 체험은 귀한 자산이 될 것이다. 영원이란 시간 속 단 하나의 희망도 없는 세상을 나는 직접 경험했나. 내 진술이 참임을 하늘 앞에 맹서합니다.

이웅 2023 0804.

적어도 지옥의 존재는 모든 영혼이 천국에 간다는 학설을 기각하지 않을까?

31. 세상의 영혼을 보며, 내가 느낀 점을 남기고 떠나려 한다.

세상에 '악'이라는 가치가 존재한다.

그것이 어떤 형태이든, 인간에게 제시된 하나의 '길'이다.

우리 인간은 자유의지로 선택을 한다.

그리고 어떤 인간들은 자유의지로 '악'을 따랐다.

그렇다면 그들의 길은 한 번에 반전되기 어렵다.

이웅 2023 0804

32. 〈구운몽〉(김만중)

스님 양소유는 스승의 심부름을 하다가

팔선녀를 만난다.

양소유는 붓다의 가르침보다 미모에 끌린다.

양소유는 환속한다.

그리고 그는 승상의 지위에 오르고 팔선녀와 사랑한다.

그러나 그는 절에서 깨어나는데 모든 것이 하룻밤 꿈이었다는 것을 알게 된다.

이 우화에서 세속의 성공의 덧없음을 말하고 있다. 하룻밤 꿈같은 일이라는 이 우화는 이생의 목적에 있어서 하나의 성찰을 제시한다.

그러나 불교에 그리고

인간에게 무분별한 일루전을 가지지 말기를 바란다. 세상은 생각보다 더 더럽다.

적어도 신께서 창조한 세상이라면 우리는 세상을 지극히 등지지 말아야 한다.

불교의 맹점은 여기에 있다.

우리는 세상 속에 필연적으로 속해 있다.

세상을 완전히 등진 채로 신을 섬기는 행위는 하나의 선택지이지 정답은 아니다.

하지만,

많은 이들이 자본주의적 성공을 찾을 때

맑은 자연 속에서 청명한 정신 안에 사는 것…

하나의 의미 있는 일이리라.

이웅

(OM

부처에 대한 비판.

부처는 제가 판단하건대 ‘영원한 것’, ‘진리’를 찾았습니다. 그러나 찾지 못하고 세상이 허무하다는 공 사상을 설파한 자입니다.

하느님이 주신 영혼의 개성마저도

부정하고 제법무아라는 낭설을 퍼트린 자입니다. (이는 그가 무신론자였음을 입증합니다.)

하느님께서 창조하신 세상(인간계)은 많은 의미를 내포하고 있습니다.

부처는 세상을 부정했고 세상을 등진 철학에서 실패자입니다.

덧붙이자면, 신에 대한 전제 없이 종교와 철학은 제대로 된 길을 가기 어려울 것 같습니다.

이웅 AD 2024 1115

33. 기도론

우리 인간은 때로는 슈퍼맨 같은 기도 응답을 원한다.

그러나 지구에서는 기적은 거의 없다. 확률상 제로에 수렴할 일이다.

그는 지구에서 자신을 잘 나타내지 않는다.

특히 명시적으로…

기적을 보여 주고 따르게 하는 미신 앞에서 인간은 압도되고 속는다.

그러나 그는 인간 감각을 빌려 표현하면 알고 있다, 모든 것을.

(여기에 있어서 우리는 여러 해석을 한다. 인간이 감추려 하는 일들 또한 그는 알고 있기에,

두려움과 처벌에 관한 것을 만들어 낸다. 내가 그(신)는 아니지만, 모르겠다. 그가 누군지, 어떤 생각이신지….)

이웅 2023

34. 시간의 터널

지구의 중력은 우리를 지표면에

잡아 놓는다.

그러나 인공위성의 원리는

강력한 추진력으로 중력 범위를

벗어나서 대기권을 돌파하는 원리이다.

즉 올라가는 힘이 끌어당기는 중력 범위를 넘으면 우주(비록 3차원이지만)를 경험할 수 있다.

그러면 '시간'은 어떨까?

아인슈타인이라는 과학자가

시간의 체계를 연구했다.

그리고 시간이 앞으로만 흐르지 않는다는

상대성이론을 발표했다.

이 아인슈타인은 다른 시간체계를 엿본 인간이다.

즉 우리의 시간체계를 벗어나는 차원의 존재 입증을 처음 시도한 꽤나 훌륭한 인간이라고 나는 본다.

빛보다 빠르게 움직인다면,

즉 물체의 속도가 상상 이상으로 증가한다면

우리 시간체계를 벗어나는 것을 이론물리학적으로 생각해 볼 수 있다.

우리가 육체로 지구의 중력을 못 빠져나오듯

시간체계 역시 마찬가지다.

지구 바깥의 다른 시간의 세계가 그리고 3차원 이상의 차원이 궁금하지 않은가?

이웅 남김 2023 0726

35. 기도와 경험칙

어떤 사건이 일어날 확률은 항상 존재한다.

어떤 사건이 일어날 '높은 확률'을 경험칙이라고 한다.

(예컨대 터널에 들어간 자동차가 계속 직진하여 밖으로 나올 확률은 경험칙에 속한다.)

그런데 기도로 이 경험칙을 바꿀 수 있을까?

옥스퍼드 교수이자 만들어진 신의 저자 리처드 도킨스는, 통계를 내 본 결과, 기도를 하는 사람의 치유 성공률과 기도를 하지 않는 이의 치유 성공률이 대동소이하다고 적어 놓았다.

즉 기도는 경험칙을 바꿀 수 없다는 이야기이다.

그렇지만,

나는 서적으로 2가지 기적을 읽었다.

인도인 아니타 무르자니의 서적이었는데, 말기 암에서 거의 죽어 가다가, 신성의 개입으로 암세포가 사멸한 사례를 직접 읽었다.

공신력 있는 홍콩의과대학에서 이 기적을 증언해서 신빙성을 가질 수 있었다.

(아니타 무르자니, 《Dying to be Me》 참조.)

세상에 살며, 경험칙에 반하는 사건이 일어날 확률은 매우 낮다.

그렇지만 신은 세상 만물의 오묘한 자연법칙과 생명의 경이를 만드셨으며,

그분이 계심은 명약관화(안 봐도 알 수 있는 일)이다.

기적을 보고 믿으면 인간이다.

기적을 넘어선 신성한 신앙을 가지기를.

인간이 신을 진심으로 향하고 사랑하기를.

또한 한 가지 비밀을 남겨 놓자면 그분은 우리가 볼 수 없는 차원에 계신다. 우리는 지구에서 그분을 인식하기 거의 어렵다고 본다.

의식으로 포착하거나 정의하기 어려운 분이라고 생각한다.

그는 그가 의식적으로 자신을 나타낼 때 우리가 인식할 수 있는 것 같다.

이웅 2023

36. Prison of material(물질의 감옥 영문판)

Our universe was created under restrictive conditions. We are trapped in a system of competition, compromise and struggle for limited resources and limited seats. The world operates under this system, from the race of sperm at the microscopic level to the struggle between nations, and naturally to the jungle of heterotrophic nutrition. In a world where materials appear only directly, it is a prison where only directly visible effects are used, a system that appears as a restricted disability.

Lee woong 2023

2023. 9. 19. 오후 10:47

The article I mentioned yesterday is close to the dogma of this world. However, there is a saying that when you go to Rome, you must follow Roman laws. Some may adapt to our world, some may want to leave.

However, a certain degree of respect for the laws of this world is necessary. I think it would be difficult to create a revolution that would negate the law.

Capturing the principles that move the world and what choices to make within those principles are human choices toward free will.

(Lee Woong 2023 0919.)

37. 전생 기억 연구

아동이 하는 말들이 부모는 무심결에 넘어갔으나, 과거를 정확히 기억해 내는 소수 아동의 진술은

전생의 존재를 증언한다.

나는 개인적으로 기억이 없다.

아마 지구에 들어올 때 삭제된 것 같다.

우리가 다음 생에 있어서 이번 기억을 지우고 또 다른 곳에서 시작할 가능성도 있고, 기억이 유지된 채로,

높은 차원으로 향할 수 있다.

내가 세상을 보면,

사람들은 돈이나 이성 관계 혹은 복잡다단한 그들만의 생각으로 가득 차 있는 듯하다.

존재의 목적이 무엇인지, 신은 누구인지, 별 관심이 없어 보였다.

아쉽게도 이런 영혼들은 계속해서 우주를 순환한다고 보면 된다.

깨달음의 단계까지 못 미친다면 더더욱….

아무튼 영혼의 실전된 지식은 인간에게 표지판을 제공해 준다.

미래로 향하는 진실의 빛을.

그리고 현세를 살면서 우리가 추구하는 궁극의 목적들을.

이웅 남김 2023

38. 다른 차원에 관하여

뇌사상태로부터 다시 돌아온 미국의 신경외과 의사 이븐 알렉산더 박사는

죽음을 넘어선 세계를 보았다.

그는 뇌과학자로서 뇌가 사멸한 이후에도 영혼이 실존한다는 증거를 가지고 돌아왔다.

과학적으로도 한 책이 있다고 가정해 보자.

이 책을 불태운다 해도, 책의 원소는 어딘가 지구에 존재한다.

이렇듯 인간의 영혼 또한 죽음과 동시에 소멸하지 않는다.

그렇다면 그 영혼은 어디로 갈까?

이것은 인간마다 각기 다양해서 일의적으로 말하면 오류가 반드시 수반된다는 점을 밝힌다.

지구는 각기 다양한 세상에서 온 영혼이 모여 있는 곳이기에, 지구를 일원화 하려는 시도는 반드시 오류를 수반할 것이다.

나는 개인적으로 지옥을 보았는데,

영원이란 시간 속 희망 하나 없는 불타는 단 1초도 견디기 어려운 현실을 보았다.

그리고 나는 정신을 잃어버렸고, 깨어나 보니 대학병원 중환자실이었다.

사람들 말로는 3층에서 뛰어내린 나를 발견했다고 한다.

내가 경험한 다른 세계 특히 지옥의 실존은 내게 필요했던 확신을 주었다.

참고로 지옥에서 만난 영혼은 인간이었는데, 살아 있는 육신 안의 영혼이 아니었다.

마치 홀로그램처럼 내 눈에 똑똑히 잡혔다.

이들은 생전에 한 사악한 일을 자랑삼아 이야기하고 있었다.

나는 이렇게 말하고 싶다. 선자불포라고,

선한 이는 두려워하지 않아도 된다고 말이다.

39. 의식의 정화

세상이 항상 아름다운 곳은 아닌 만큼,

우리가 가끔 명상이나 기도를 하며 내면을 정갈하게 유지하는 것이 필요한 것도 이런 이유이다.

우리가 사는 3차원 지구는 생각보다 전 우주적으로 낮은 세상이다.

우리는 물질계 안에 제약된 육체 속에 어떻게 보면 살고 있지만,

영혼은 진리와 우리를 만드신 신을 찾아야 할 것이다.

선한 마음으로 신을 찾는 일 외에 내가 생각하는 구원의 방법은 모르겠다.

세상 사람들처럼 죽은 인간이 부활했다고 믿는다고 천국 간다는 거짓에 속지 말기를.

혹은 몇 푼 더 벌려고 사업이 잘되거나 잇속을 챙기려고 신을 찾지 말기를.

인간에게 감춰진 순수하고 고결한 정신을 내면 깊숙이 간직하기를.

2023 이웅 남김.

40. Taboo(금지된 영역)

어느 TV 프로그램에서 전문가들을 초청해서

사후 세계에 대한 대답을 물은 적이 있다.

승려, 신부, 과학자 등 다양한 사람들이 나와서 대답했다.

나 역시 20대부터 이 문제를 놓고 계속 씨름했고 지금도 씨름 중이다.

정리하면 이렇다.

종교에 있는 이들은 '믿음'이라고 대답한다.

예컨대 천국이라는 곳이 있고 "믿어야 한다."라는 단순한 세뇌.

나는 이렇게 생각한다. 객관과 주관은 다르다고.

예컨대 A가 어떻게 생각하든 '현실'은 A의 생각과 다를 수 있다.

그러니 A가 무엇을 믿든지 그의 영역 안에 있는 것이고, 객관적 세상에 영향을 끼치기 어렵다.

종교는 주관적 생각과 현실을 혼동하고 있다.

즉 누군가의 '믿음'과 실존하는 '현실'은 항상 일치하지 않는다.

그런데 인간의 '믿음'을 '현실'로 치환하려는 지금 주류 종교의 시도는 바람직하지 않은 현실에 대한 치열한 고민 없는 하나의 도피이자 세뇌이다.

인간이 모든 세상을 확지할 수 없는 만큼 일정 부분의 믿음은 반드시 필요하다.

그러나 인간의 순수한 호기심을 억누르고 거짓된 교리를 들이밀며 믿음만을 강요하는 종교의 세태는 분명 잘못되었다.

그러면 지금 시대(21c)의 과학자들은 어떤 생각일까?

이들은 무신론과, 유물론의 영향을 받았다.

과학이라는 것이 이런 것은 아니지만, 지금 시대의 과학은 측정 가능한 것, 검증 가능한 것만을 사실로 판단하는 제한된 관점을 철학 사조로 삼은 이들이다.

그러나 지금 시대(21c)의 과학에는 엄청난 함정이 있다.

예컨대, 측정하기 어려운 것을 무조건 존재하지 않는다고 부정해 버리는 오류 속에서 헤어 나오지 못한다.

한 과학자는 모든 것은 물질(원자)로 구성되어 있고 죽으면 물질이 된다는 견해를 피력했다.

이 과학자는 '정신과 영혼'이라는 그리고 '생명'이라는 우리 인간이 무의식중 인지하고 있지만 물리적 측정이 힘든 인간의 핵심을 부정하는 오류 속에 빠져 있다.

이 과학자뿐만 아니라 주류 대학 학설이 같은 기조를 따르고 있다(AD 2024).

내가 만났던 교육받은 거의 모든 인간이 이 유물론적 사고에 빠져 있는 것을 나는 확인했다.

일종의 시대의 오류에 갇힌 제한된 패러다임 속에 이들은 갇혀 있는 것이다.

그러면 진실은 어디에 있을까?

나는 두 가지 측면에서 사후의 세상의 존재를 확신했다.

하나는 내가 한 논리적 증명이었고, 두 번째는 NDE라는 체험 서적이었다.

이웅 2023 0708.

41. “하늘이 무너져도 정의는 지켜라.”라는 법언이 있다.

정의와 윤리를 지키는 이유는 2가지이다.

1) Sollen(당위)이기 때문이다. 즉 반드시 그래야 하는 것이기 때문이다.

2) 사후의 세상 때문이다.

(물론 사후에 좋은 곳에 가기 위해 선을 행하는 것은 최상의 선은 아니다.

그러나 당신은 알게 될 것이다.

지구에서의 선택이, 이 선과 악의 공존 행성에서의 선택이 얼마나 큰 결과로 나타나는지를.)

이웅 2023 0609.

42. 영혼의 존재에 관한 논증

1) 지금 과학은 뇌에 따라 움직이는 인간상을 상정하고 있다.

즉 뇌가 의식의 근원이며 뇌의 사멸이 의식이 사멸이라고 믿고 있다.

2) 그러나 이븐 알렉산더 박사의 NDE, 즉 임사체험은 영혼의 존재에 관한 확실한 증거를 준다.

3) 뇌에 바이러스가 침투한 이븐 알렉산더는 coma(뇌사, 혼수상태)에 빠지는데 이 사람은 초강력 현실을 경험한다.

그리고 7일 후에 깨어나는데, 그는 자신이 경험한 현실이 뇌에 기반한 의식이 아님을 알았다. 즉 뇌는 거의 죽어 있었고, 활동할 수 없는 상태에서 일어난 체험은 뇌에서 벗어난 진정한 의식이 있음을 말해 준다.

4) 영혼은 실존한다. 그리고 우리의 뇌는 영혼을 지구상에 잡아 두는 3차원에 집중하게 하는 일종의 생체도구 역할을 한다.

5) 뇌가 사멸하는 날 영혼은 지구상을 벗어난다.

이웅 남김 2023 0607

43. 우리 인간에게 있는 것

인공지능과 스타2 경기를 했다.

인공지능은 알고리즘대로 움직인다.

일종의 수리 공식처럼.

인공지능은 승부욕도 감정도 없다.

우리 인간은 감정과 영혼이 있는 존재였다.

이기든 지든, 인공지능과 경기를 하며 인간을 조금 볼 수 있는 계기였다.

이웅 남김. 2023 0605.

44. 과학의 발달과 생명 연장에 관하여

나의 예상은 기술의 진보를 이루려는 인류의 끊임없는 노력은,

생명 연장이나 '영생' 같은 것에 분명 손을 댈 것이다(미래의 이야기).

그러나 나는 실패한다고 생각하고,

죽음의 난제를 푼 나에게 죽음은 지구에서 벗어나는 해방의 순간이다. 굳이 여기 영원히 머물고 싶은가?

이웅 2023 0605. (뒤에 후술했습니다. 영생에 관해.)

45. 죽음의 공식(2023 이웅)

Death Fomula

X = Earth Human.

X = Xp + Xs, dt = Xp di Xs

Xp → Circurate, Xs + Yp = Xn(Samsara)

Xn(n is number) n = lim(infinite)

이웅 2023

(주석: 영혼이 끊임없이 순환하는 윤회의 업을 공식으로 만들어 놓았다. 이웅 2024 1112)

(해석을 달아 놓으려고 합니다. Xp는 physical 육체를 의미합니다. Xs는 Spirit 영혼을 의미합니다. 육체와 결합된 영혼은 죽음이라는 분기점과 함께 다른 곳으로 향합니다. 그리고 Neo Physical과의 결합이 예상됩니다. 이것이 윤회의 과정입니다.

n의 무한은 거의 영겁의 윤회를 말하고 있는 듯합니다.)

(주석: 인간의 영혼은 계속해서 삶을 이어 나갑니다. 지구는 하나의 여정입니다. 끊임없는 생 속에서 이 책이 도움이 되기를. 2024 1115 이웅.)

46. 〈과학으로 보는 종말론 1〉

지구 종말의 정확한 시간을 알 수 있을까?

지구를 움직이는 핵심 에너지원은 언젠가 고갈된다.

다른 별의 죽음으로 확실한 추론을 할 수 있다.

이 에너지의 고갈 시점은 수학적으로 정해져 있다.

지금으로써는 언제 고갈될지 나는 알 수 없다.

지표에서 추론 단서를 찾아서 비례적 계산을 하는 방법이 있다.

만약 계산할 수 있으면 지구 종말 시간을 알 수 있다.

이웅 2023

〈과학으로 보는 종말론 2(2023 이웅)〉

혹세무민의 종교들이 종말이 다가왔다고 떠든다.

그러나 '이성'적 사고로 우리는 지구의 종말을 보아야 한다.

지구를 운영하는 원리는 두 가지로 대별할 수 있다.

물질계를 움직이는 원리인 이(理)와

이치에 따라 움직이는 물질총체인 기(氣)로 대별할 수 있다.

이(이치)는 계속 존속한다.

반면 3차원 '물질계'에서 일반적으로 '한 개체'의 기란 것은 유한하여 끝이 있다.

인간이 늙으면 힘이 다하고 낡아지듯 지구 역시 마찬가지이다.

언젠가 그 정확한 시기는 예측 불가지만 지구 역시 기(에너지)가 다해서 종말을 맞는다.

당연히 그 시간이 되면 살아남을 수 있는 인간은 없을 것 같다.

(그때 인간이 우주 개척을 해 놓는다면, 다른 별로 이주 가능하다.)

아무튼 지구는 상당히 젊은 별로 알려져 있고 별의 수명은 길다.

그러니 우리 세대에 종말은 없다.

이웅. 2023 0604

(이 글을 읽는 분들께서 얼마나 과학 문명의 진보를 이루셨을지는 모르겠습니다. 그러나 종교가 말하는 혹세무민의 선동은 세상을 뒤흔드는 망령입니다. 특히 요한계시록은 대단히 참람한 문서로 세상을 현혹하는 거짓 미래를 제시하고 있습니다. 지구는 젊은 별로 무수한 영혼이 들어오고 나갈 것입니다. AD 2024 1115)

(첨언: 사이비 종교가 제시한 요한계시록은 인류의 미래에 대한 허구를 말해 놓고 있습니다. 지구는 젊은 별로 오래된 미래를 준비하고 있습니다. 하느님, 이 지구에 많은 영혼들이 들어오고 나갈 것입니다. 사이비 교주의 거짓말에 영혼들이 속아서는 안 됩니다. 저는 요한계시록이 거짓이라고 확증합니다. in the name of OM.)

Lee woong 2024 1118.

47. 교종과 선종에 관하여

1) 문자나 서적으로 깨달음을 추구하는 것을 '교종'이라고 한다.

2) 명상이나 기도, 그리고 의식 내부의 세계에서 진리에 도달하는 길을 '선종'이라고 한다.

나는 궁극의 경지는 '선종'에 있다고 본다.

나는 지금 교종(문자)에 매우 익숙하지만.

2023

48. 순수한 학문의 세계에 관하여(2023 이웅)

나는 정치, 역사, 군사를 좋아해서, '마키아벨리즘'을 많이 접한다.

치열한 암투 모략도 있고, 바른 정신과 충신 그리고 어진 왕도 있다.

뛰어난 기재도 있고 비운의 천재도 있다.

그리고 탐욕에 물든 속물도 있다.

그러나 차원을 높이면 내가 아는 바로는

인류가 존재한 후 '지구상'에서 도달한 이가 몇 안 되지만

'순수한 차원의 세계'가 있다.

세속의 난잡함이 들어갈 수 없는 신성한 성역이 있다.

이웅 남김. 지구에서 2023 0603

49. 노자의《도덕경》

道可道 非常道

(진리라고 판단할 수 있는 것은 항상 진리가 아니다.)

名可名 非常名

(명칭을 쓸 수 있는 것은 항상된 이름이 아니다.)

無名天地之始

(이름 붙일 수 없는 분에게서 천지가 시작되었고)

有名萬物之母

(성스러운 이름은 만물의 근원이다.)

노자의《도덕경》(번역 - 이웅 2023)

(주석: 성스러운 이름은 OM이라고 불린다. 이븐 알렉산더 참조)

50. 과학과 신비주의

지금 시대 유사과학자들은 '측정된 것', '검증된 것'만 존재한다는 빈약한 사고를 가지고 '과학적'이라는 말을 남발한다(AD 2024 1113).

그러나 우리가 측정할 수 없다고 그것이 존재하지 않는다는 명제는 틀렸다.

우리(인간)가 측정하지 못하더라도 존재하는 것이 존재한다는 게 참된 명제다. 즉 측정 여부와 존재 여부는 별개의 문제이다.

예컨대 인간이 세포를 측정 못하면 세포는 존재하지 않는가?

우리는 학문과 연구 진리를 탐구함에 있어서

다른 차원 그리고 인간의 5감으로 인지 불가한 것에 대한 탐구가 반드시 필요하다.

속칭 과학자들은 "그런 세상은 없다."라는 자신의 무지한 소관을 마치 과학인 양 포장해서 인간을 무지에 밀어 넣고 장님의 세계관을 주입시킨다.

쉽게 예를 들면 A가 공원에서 산책하다가 한 음악 소리를 들었다고 하자. 주변에는 아무도 없었고 연주하는 이도 없었다. 십중팔구 지구 변방의 낮은 별 21c '과학자'는 이렇게 말할 것이다.

"그것은 환청입니다. 과학적이지 않습니다."라고.

그러나 우리가 세계를 탐구하고 여행함에 있어서 모든 가능성을 열어 두어야 한다는 점을 말하고 싶다.

과학의 이성, 합리 그리고 논리적 사고는 반드시 지성인이 갖추어야 할 기본 요소이다.

그렇지만 우리의 이성 논리의 범주를 벗어난 차원이 있다는 것을 인지해야 한다.

우리 인간은 우주와 자연에 대해 무지하며(아는 것이 거의 없다) 세상의 경이 속에서 모든 가능성에 대해 마음을 열어야 할 것이다.

우주의 변방 지구에서 이웅이 남긴다. 2023

51. 논리와 영감(怜感)

소크라테스의 제자는 플라톤, 그리고 플라톤은 아리스토텔레스의 스승이다.

플라톤과 아리스토텔레스는 불세출의 기재였다.

두 명은 각자 다른 방식으로 진리를 추구했다.

플라톤은 형이상학적 초월적 직관에 뛰어났다.

그는 고차원의 세상을 열었고, 심오한 비유와 이데아론을 남겼다.

반면 아리스토텔레스는 논리학의 대가였다. 그의 눈부신 업적은 아직도 빛나고 있다.

이성적 논리적 수리적 사고에 탁월한 아리스토텔레스.

그리고 형이상학적 초월의식을 추구했던 플라톤.

이 두 명의 Maestro는 아직도 인류의 스승이다.

이웅 남김. 2023 0529

(아리스토텔레스가 남긴 부동의 원동자는 신을 상정하고 있습니다. 창조의 차원의 바깥의 절대의식을 지칭하고 있습니다.)

52. 음악과 영혼의 선율

작곡가는 자신의 리듬을, 외부로 표현해 낸다.

각 장르가 있고 각 취향이 있다.

그러나,

우리는 천상의 리듬에 대해 관심을 가져야 한다.

영혼을 정화시키고 순수하게 하며, 다른 세상을 여는 음악의 신성함에 대해서.

이웅. 20230529.

(이븐 알렉산더의 《Proof of Heaven》에는 천상의 영혼-천사들의 찬가가 나옵니다. 이븐 알렉산더의 영혼은 찬가와 함께 상승합니다. 우리 지구의 음악이 아직은 닿을 수 없는 신성한 음악이 발전

하기를 바랍니다.)

(옴

찬가에 대한 회의.

각자의 주관적 견해를 집단적으로 부르는 것에 대한 회의… 혹은 종교적 세뇌의 도구로 이용됨. 악의적으로 사용되면 위장도 가능.)

53. 디자인과 자연

자연은 신의 작품이다.

무심코 지나치는 꽃, 나무, 하늘 그리고 보이지 않는 우주에 신성이 깃들어 있다.

이웅 2023

54. 예수 재판 연구

유대인의 산헤드린 재판정에 예수가 잡혀 왔다.

사람들을 속이고 자신이 그리스도라고 전파했다는 이유에서였다.

유대인 랍비들은 유죄를 선고한다.

세상에서 자신이 신이 선택했다거나, 그리스도라거나 신의 대리인 이라는 '거짓말'을 하고 다닌 인간은 많다.

예수도 그중 하나였고, 조금 더 사기가 치밀하고 조직적이었던 점이 다르다.

산헤드린 법정은 당시 로마 총독 본디오 빌라도에게 예수를 넘긴다.

빌라도는 유대인의 종교 문제에 관여하기 싫어했다.

그러나 유대인들은 강력히 예수를 고소, 고발했고 빌라도는 십자가형을 내린다.

예수의 죄는 '종교적 죄'라고 나는 본다.

민중들에게 나타나서 자신이 그리스도라는 사기(FRAUD)를 행위한 종교사기범죄자 중 하나다.

그런데 예수 사후에, 이 민간 미신이 널리 퍼져서 현재 3대 종교 중 하나가 되었다.

예수 사건은 인류사 최대의 오점이자 인류 지성의 최대 수치로 기억될 것이다.

예수가 그리스도로 둔갑된 것은 지구의 수치가 아닐까?

이웅 남김. 2023 0524

부연: 예수가 했던 말 중에 쓸 만한 말도 있다. 하지만 그는 지나친 이분법을 사용했고 결과적으로 그가 제시한 구원론(부활 믿음의 천국)은 거짓이다. 또한 그가 계시했다는 요한계시록도 분명한 거짓이라고 밝힌다. (2024 0202 이웅)

55. 인간의 고난에 대한 신학적 관점(2023 이웅)

1) 민간에서 교회나 성당에서는 마치 고난 같은 것이 신이 준 것

이라고 설파하거나 믿는다.

예컨대 A가 교회에 다니다가 암에 걸렸다면 왜 하나님은 나에게 암을 주었는가?

라는 이상한 생각을 하게 된다. (십중팔구 그렇다.)

2) 그러나 신학적 관점에서 인간의 고통은 피조물의 상호관계에서 그리고 물질계적 결과로 나타나는 현상이라고 생각한다.

굳이 신과 지나치게 결부시킬 필요는 없다고 본다.

예컨대 A가 고통을 받는 것은 지구상의 여러 인간적 물질적 조건이 결합하여 나타나는 한 결과일 뿐이다.

3) 고통당하는 인간의 호소(기도)

그러나 원인이야 어찌되었든 고통을 당할 때 하느님께 기도하는 것은 좋다.

그러나 그 원인에 있어서 민간에 퍼진 교회나 성당의 성직자들의 부정확한 생각에 지나치게 의존하거나 특정 종교 등의 교리에 따라 해석하는 것은 좋은 길이 아니다.

그리고 위에서 언급했듯, 지구는 천국이 아니다.

필연적으로 고통과 불행이 수반된 섭리의 세상이 지구인 것이다. 이 사실을 이해하고 지구에서 살아야 한다. (신께서 만드신 신성한 의지의 결과물이다.)

2023 0524 이웅 남김.

56. 2021 이웅 - 전생 연구(잃어버린 기억.)

Anita는 초월의식 상태에서
자신의 과거를 보았다.
자신과 같은 본질이면서, 지금 만나는 사람들과의 과거의 삶을!

인도에서뿐 아니라, 그리스에서도 윤회론은 존재했다.
즉 인간의 정수가, 여러 시대를 거쳐 완성되어 가는 대서사시라고
나는 윤회를 해석한다.

논리상 전생이 있다면, 후생도 있다.

57. 천국에서 온 영혼(출처: 《나는 천국을 보았다》)

그런데 오직 한 가지 상처만은 치유될 수 없었다. 10년 전인 1998년에 나의 친누이 베치(나의 입양가족 여동생과 이름이 같은 데다가 둘 다 남편 이름이 로버트인데, 자세한 이야기는 생략하겠다)가 죽은 것이다. 모두가 그녀를 가슴이 따뜻한 사람으로 기억했다. 평소 대부분의 시간을 성폭력위기센터에서 일했고, 그렇지 않을 때는 길 잃은 유기견이나 고양이를 돌보았다고 한다. "천사가 따로 없었어." 앤은 그녀를 그렇게 얘기했다. 캐시가 나중에 베치 사진을 보내 주겠다고 했다.

친가족들의 이야기를 통해서 그녀가 얼마나 성품이 따뜻하고 놀라울 정도로 배려심이 깊은 사람이었는지에 대해 들었을 뿐이다. 그들이 누차 말해 준 바에 따르면 그녀는 무척이나 착해서 사실상 천사가 따로 없었다고 했다.

파스텔 톤의 블루와 인디고 색의 옷이 없는 상태에서, 그리고 관문에서 나비 날개에 앉았을 때의 그 천상의 빛이 없는 상태에서 처음에는 그녀를 알아보기가 쉽지 않았다. 당연한 일이었다. 나는 그녀의 천상에서의 자아, 즉 온갖 비극과 근심 걱정을 겪는 지상 영역을 넘어서 살고 있는 자아와 만난 것이었으니까.

하지만 이제 더 이상 착각의 여지가 없었다. 그녀의 사랑스러운 미소와, 믿음직하고 한없이 격려해 주는 그 표정과 빛나는 푸른 눈을 나는 알아보았다.

그녀였다.

《나는 천국을 보았다》 중에서

58. 링컨과 평등 이야기

미국은 당시 노예제가 있었다. 미북부 링컨은 노예의 해방을, 남부는 노예의 유지를 주장했다.

링컨은 명연설을 하는데,

"하느님께서 차별 없이 피조물을 지었다."라는 명구를 남긴다.

즉 평등 사상을 내세운 것이다.

북군은 승리했고 노예제는 폐지된다.

나 역시 헌법을 공부하며 미국의 헌법 사상에 영향을 많이 받았다.

그러나 세상에 살며, 약간 높다고 낮은 이를 멸시하고 하대하는 인간들도 보았고,

아직도 세상 곳곳에 신분제의 폐해가 뿌리 깊게 박혀 있다.

그러나 나는 한편으로 높은 직을 수행하기 위해서는 그만한 역량이 필요함을 절감했고,

범부(보통 사람)들은 도달할 수 없다는 것도 알았다.

또한 실력이나 능력 도덕성이 미진한 이들이 권력을 잡으면 얼마나 추한 행위를 부리는지도 현실로 목격했다.

나 역시 링컨의 '부당한 차별 철폐'라는 평등사상에 공감하면서도,

각인에게는 각자의 역할이 있다는 동양의 '질서'를 한 번 더 생각해 본다.

(하늘은 천성적으로 사농공상을 내셨다.)

이웅 남김. 2023 0521.

59. 베이컨의 4대 우상론의 재해석(2024 이웅)

진리의 세계 진실의 세계를 가로막는

4대 우상이 있다.

그중에서도 2가지를 말해 보고 싶다.

1) 권위의 우상

권위의 베일에 가려져서 진실을 가리는 우상.

즉 권위적 존재의 말을 무비판적으로 수용하는 인간의 인식오류 체계를 드러낸다.

2) 언어의 우상.

언어를 통해 진실을 가리는 우상.

이 두 가지를 말하고 싶다.

이웅 2023

(베이컨의 4대 우상론은 진리 탐구에 있어서 귀중한 자산을 제시합니다. 반드시 참조하면, 도움이 될 것입니다. AD 2024 1115 이웅.)

60. 신이 부여한 자유, 종교가 뺏어 간 자유 중에서)(2021 이웅)

인간 창조의 고등성은 그 피조물이 자신의 의지로 무언가를 선택할 때 그리고 행동할 때 극대화된다.

철학적 개념에서의 '자유의지'와 일맥상통한다. 즉 창조가 고등하기 위해서는 피조물이 컴퓨터처럼 창조자의 의지대로 움직이는 수동적 존재가 아니라

창조자의 의지를 넘어서서 스스로의 의지를 결정할 수 있는 상태일 때 창조의 질이 높아진다는 것이다.

따라서 만약 신이 인간을 만들었다면 그는 인간에게 직접적 '명령'을 하지 않을 것이다.

왜냐하면 자신이 부여한 자유의지를 즉 창조의 고등성을 자기 스스로가 깨는 것은 명백한 contradiction(모순)이기 때문이다.

결론적으로 모든 종교적 의무는 신에게서 나온 것이 아닌 것 같다.

그것은 인간을 창조한 존재가 아닌 것에서 나온 것이다.

즉 모든 종교적 '의무'는 신의 뜻이 아니다.

인간이 사유할 수 있는 모든 것 행동할 수 있는 모든 것은 허용된 것이다. 적어도 우리를 창조한 존재의 인식하에서는….

인간의 관점으로 죄악시 되는 행위라도 말이다.

극단적인 예시로 신은 인간에게 살인, 전쟁, 강간 모두를 허용했다.

왜냐하면 그것을 할 수 있다는 것은 그것에 대한 행위가능성 사유가능성과 선택할 수 있는 의지를 우리에게 부여했기 때문이다.

(그것이 인간 사회에서 다수의 도덕률에 의해 평가, 처벌되는 것은 별론으로 하고 말이다.)

이런 극단적 예시는 흔히 종교적 관념 '악'이라는 것과 신의 존재와의 모순을 불러일으키는 데 논리적 결론상 신은 인간에게 인간이 할 수 있는 범위에서의 모든 행위 그것이 인간의 관념으로 악이라고 불리더라도 허용했다는 필연적 결론이 도출된다.

요약하자면 창조의 고등성을 유지하기 위해서 신은 인간에게 지구에서 어떤 '강제적 명령'도 하지 않는다.

즉 신은 그가 의도한 최대한의 범위에서 인간의 생각의 다양성 행동의 다양성을 부여했다는 것이다.

즉 신은 인간을 자유하에 두었다는 것이다.

그러나 역설적으로 종교는 신의 이름으로 우리의 자유를 뺏어 간다.

그렇다고 여기서 자신이 받은 자유를 어떻게 사용할지는 늘 '책임'이 뒤따른다는 것을 말하고 싶다.

61. 신과 자유의지론

에피쿠로스라는 철학자는 시국이 혼란한 데서 비관했나 보다.

그는 신과 악의 문제에 파고들었다.

에피쿠로스는 "신이 계신데 왜 세상에는 불의와 범죄가 만연하는가?"라고 의문을 가졌다.

그는 삼도논법으로 신을 비판했다.

즉 악의 책임을 신에게 돌렸던 것이다.

나 역시 이 신학적 난제에 파고들었고 신의 즉 신의 뜻을 이해하려고 노력했다.

내가 2023년 지금 내린 결론은 '자유의지론'이다.

즉 신은 인간에게 사유가능성 행위가능성 모두를 부여했다.

그리고 그분은 인간의 '자유의지'에 개입하지 않는다는 결론을 얻었다.

예컨대, A가 여행을 가는 것을 막지 않는다. 신은 B에게 무슨 일을 하라고도 명하시지 않는다.

이와 비슷한 논리로 C가 상점에서 물품을 절도하는 것을 신은 막지 않는다.

신은 인간에게 자유의지의 보장을 원하고 있다고 생각한다.

나는 한계로 전체를 볼 수 없다. 그러나 창조주를 신뢰한다.

(신께서 악을 창조하신 것은 맞다고 봅니다. 그러나 무엇을 창조하시든 신의 재량이라고 생각합니다.)

이웅

62. 한시성(恨時性)

내가 지구에서 살며, 깨달은 것은

지구의 거의 모든 것은 한시성을 가진다는 것이다.

제한될 한, 시간 시, 성질 성.

즉 지구에 존속하는 것은 제한된 시간 속에서 생멸하는 성질을 가진다.

사람 간의 관계에서부터 거의 모든 것이….

한시성은 영원과 대비되는 관념이다.

그러면 어떻게 받아들여야 할까?

그때그때, 그 시간에 충실하면 되는 것이라고 나는 생각했다.

다시 돌아올 수 없는 지구의 시간 속 비록 한시성을 가졌지만, 그 시간마다 충실한 삶을 살고 떠난다.

그렇지만 첨언하면 지구의 모든 것이 무의미하지는 않다. 엄청나게 중요하다. 너무나 중요해서 표현하기 어려울 정도로 중요하다.

이웅 남김 2023 0504

63. 카르마와 사랑

퀴블러 로스의 《사후생》이란 책에 나오는 기록인데,

한 남자는 교통사고로 가족을 잃었다. 그 후로 이 남자는 폐인이 되었다.

자신의 실책 때문에 사랑하는 가족이 죽었다는 죄책감으로 아무것도 못하고 폐인 생활을 한다.

그리고 이 남자는 술을 잔뜩 먹고 자살하기 위해 고속도로에 스스로 몸을 던졌다.

그런데 그때 이 사람이 사랑했던 가족이 그에게 나타났다.

그리고 우리는 잘 지내고 있으니까, 걱정 말라고 말해 주고 사라졌다고 한다.

이 남자는 정신을 차리고, 다시 삶을 시작한다.

카르마라는 것은 인연의 법인데, 죽음 이후에도 지속되는 사랑을 의미한다.

그런데 이거 하나만은 분명하다. 우리가 육신의 집에 살고 있을 때의 사랑은 지구에서의 시간뿐이다.

64. 영혼의 기억

1) 한 미국인 남자가 계속 같은 꿈을 꾸었다. 비행기(전투기)가 폭파되는 꿈이었다.

그 남자는 계속 같은 꿈을 꾸자 그 꿈의 주인공을 찾아 나선다.

그리고 기록에서 꿈에서 보았던 일이 실제로 일어났던 일임을 확인했다.

그 파일럿은 2차 세계대전 때 전사한 남자였다.

2) 여기서 우리는 두 가지 추론을 할 수 있다.

죽은 인간의 기억이 전이된 것인지, 아니면 그 남자의 '전생'의 기억인지.

둘 다 가능성 있다. 그러나 그것만은 분명했다. 그 꿈에 나왔던 남자는 실존했던 파일럿이었고 꿈에서 나온 그대로 폭사했던 사실이 있었다.

3) 추론 1에 의하여, 죽은 인간의 기억이 전이된 것이라면, 그 죽은 파일럿은 어딘가에 존재하며 남자에게 자신의 기억을 전한 것이다.

추론 2에 의하여 그 남자가 전생을 본 것이라면 환생했다는 사실을 확인할 수 있다.

이 사실을 연구한 학자들은 '주관적 정체감'에 의해서 그 남자의 전생이라고 결론지었다. 즉 자신이 체험한 것 같은 느낌은 그 남자의 전생이라는 것을 추론할 수 있게 해 준다.

3) 결론(Conclusion)

전생이 있다면 현생도 그리고 후생도 있다는 것이다. 그렇다면 인간은 '기억'이 지워진 채 이번 생을 처음이라고 '믿으면서' 살아가는 존재라는 결론에 도달한다.

부처의 기록도 참고할 만하다. 부처는 "이번이 나의 마지막 삶이다."라고 말했다고 기록되어 있고, 윤회의 업으로부터 벗어나서 자유로운 영혼인 해탈에 도달을 추구했다고 기록되어 있다.

뭐 지나간 과거인 전생확인은 별론으로 하고라도, 우리에게 '후생'이 있고 그 '후생'을 결정하는 것은 바로 지금의 삶이다.

나는 사후에 가는 곳을 4가지 중요 요소로 정리했다.

① 카르마(인연의 법) ② 다르마(선과 악의 법) ③ 자유의지(자신이 가는 길) ④ 천성(天性) 이 4요소가 그 인간의 '후생'을 결정한다.

이웅

65. 스피노자

유대인이었던 스피노자는 《에티카》라는 저술을 남겼다.

계몽주의 시대에 이성으로, 그리고 논리로 '신학'에 접근했던

한 학자가 있었다.

스피노자는 천사 문제로 유대교회에서 파문당한다.

스피노자가 천사를 인정하지 않았다는, 그런 이유였다.

뭐 나는 이렇게 생각한다. 진정한 '사랑'이라면, 형제가 천사를

인정하지 않았다는 이유로 '파문'할 수 있는지…?

이런 사랑은 얕은 유대이다.

스피노자는 파문당해서 렌즈 깎는 일을 하면서 삶을 마감한다.

그리고 첨언을 하면, 천사는 존재한다.

아무튼 견해가 다르다고 배척하고 파문하는 세태 속에서 숭고한 형제애 인간애를 꿈꿔 본다.

스피노자의 짧은 문구를 읽어 보았다. 매우 심오한 표현을 그는 남겨 놓고 떠났다.

기억하자면, "신은 외연이 없기에 신을 정의할 수 없다."라는 문구였다.

66. 천벌론(노자)

1) 도덕경에는 하늘의 그물은 성긴 것 같아도 빠져나갈 수 없다고 적혀 있다.

나 역시 세상을 살며, 범죄와 부조리를 보며, 왜 하늘은 가만히 계시나 하는 의문을 품어 본 적이 있다.

《도덕경》을 읽으면, 하늘은 인간의 부조리와 범죄에 즉각적으로 응답하지 않는다. 그렇기에 하늘의 그물은 성긴 것 같다는 표현이 있다. 그러나 빠져나갈 수 없다고 기록되어 있다.

2) 세상에서 부조리와 범죄가 횡행해도, 하늘은 조용하다. 그러나 하늘의 그물은 성긴 것 같아도 빠져나갈 수가 없다는 진술이 존재함을 남긴다.

《도덕경》의 진술이다.

이웅 2023

67. 의자왕 이야기

백제의 마지막 왕이다.

당나라와 신라는 양쪽에서

백제를 침공한다.

의자왕은 성충의 조언을 무시하고

그를 감옥에 가둔다.

그리고 무당에게 묻는데 한 명은 백제가 망한다고 했고 다른 무당은 백제는 안전하다고 했다.

의자왕은 안전하다는 말을 믿고 풍악을 올렸다고 한다.

백제는 멸망한다.

우리가 인생에 살며 혼자 판단하기 어려울 때 조언에 기댈 때가 있다.

그러나 자신의 견해를 무시하고 남의 견해만을 따른다면 올바르지 못하다.

자신의 견해를 가장 소중히 여기는 것이 좋다고 본다.

그리고 지구상의 조언이란 것이 내가 경험해 본 결과, 진심이 없거나 무지한 생각에서 기인한 것이 많았다.

이성적이고 냉정한 사고와 판단,

그리고 어려울 때는 스스로 기도하는 방법을 추천한다.

2023 이웅.

68. 신의 사랑에 관하여

무언가를 해야 사랑해 주는 관계에 우리는 익숙하다.

조건 없는 무한의 사랑이 신의 사랑이 아닐까?

예배를 의무로 해야 한다거나, 기도를 해야 한다거나, 헌금 따위는 필요 없는 사랑.

이웅 2023.

69. 예수의 낚시

‘천국’, ‘치유’, ‘복’ 등을 미끼로 제시하고 사람이 이를 따르면 잡아서 세뇌시키는 낚시적 종교.

이웅 2023

일단 객관적으로 예수를 믿어도 기적이 일어나지 않는 것이 명확하지 않는가?

예수를 믿는다고 질병에서 낫는가?

이 사이비에 언제까지 인간이 끌려다닐 것인가?

그의 말은 거짓이다. 그가 제시한 사후도 거짓이다.

(예수는 말을 잘했고, 그가 한 말은 신을 결부시켜서 그럴듯하다. 사이비 종교인들에게 재주가 없지 않다. AD 2024 1115 이웅.)

70. 마호메트와 우상숭배 이야기.

마호메트는 신과 진리에 관심이 많았다. 그는 산에서 명상과 수행을 계속했다.

그러던 도중 어느 날 한 voice(목소리)를 듣게 된다.

마호메트는 그 존재가 대천사 가브리엘이라고 생각했다.

그리고 알라의 선지자가 되어 사람들에게 가서,

우상숭배를 그만두고 알라를 믿으라고 가르쳤다.

사람들은 화를 냈고, 마호메트는 쫓겨났다(헤지라).

그러나 그는 세력을 규합해서 아라비아 반도를 통일하는 치적을 세운다.

그리고 그는 이슬람의 물결로 중동을 뒤덮었다.

뭐 나는 이렇게 생각한다.

1) 절에서 스님이 붓다에게 기도하고 있는데 가서 알라를 믿으라

고 하는 것은 transgressor(즉 선을 넘은 행위)가 아닐까?
즉 타인을 존중하지 않은 월권적 행위가 아닐까?

2) 두 번째. “신은 정말로 인간이 우상숭배를 하면 미워하고 죄로 여기나?”라는 의문을 제기한다.

신은 마음이 넓다고 나는 생각하고, 인간이 자신만을 바라봐야 하는 어린 피조물로 이끌려는 분인가? 나는 단언컨대 아니라고 생각한다.

성서의 신 이스라엘 여호와는 자신만을 바라봐야 하고 다른 신을 믿으면 가차 없이 처단하는데 여호와야말로 진정한 신을 가린 우상이라고 나는 확신한다. (그의 독생자(?) 예수는 물론이고.)

3) 인간은 종교의 자유를 가지고 있으며,

아테나에게 기도하든, 이스라엘의 여호와에게 기도하든, 관세음보살에게 기도하든 인간의 선택의 영역이고, 재량이라고 생각한다. 결코 죄가 아니라고 생각한다.

그렇지만 잘못된 존재를 따라간다면 그 대가는 엄청나게 가혹하다. 분명 후회할 것이다.

4) 진정한 신은 누구인가?

"누가 인간을 만든 진정한 신인가?"라는 의문을 가져 보아야 한다.

아쉽게도 우리 인간은 모두 신에 대해 무지하며, 알기 어려운 일임을 부정할 수 없다.

사람들은 멋대로 신을 만들어 내고 지어내며, 종교 생활을 한다.

심지어 거짓말로 금전 등을 편취하기도 한다.

나는 확신한다. 진정한 신은 인간이 종교에서 믿는 누구도 아님을….

마호메트는 속은 것이다….

5) 우상숭배에 관한 소견

신약경에는 피조물이 피조물을 숭배하는 것을 규탄하고 있다. 일단 나는 자유의지와 개인의 선택을 존중한다.

타인이 그것을 비난할 권리는 없다.

그러나 피조물 숭배에 있어서, 그것이 인간이든 신이든 미지의 존재든, 그 숭배 책임은 자신에게 있다.

판단이 미력한 경우 후견이 요구되나 판단이 미력한 자도 자의적 판단하에 결정한 행위임은 분명하다.

2023. 03. 22. 이웅 씀.

(OM

저의 다른 저서 《미완의 정의를 향하여》에 종교 관련 법을 만들었습니다. 참조하시기를. AD 2024 1115 이웅.)

71. Muhammad's dream

It is unclear whom he worshiped.

However, he used the discriminant according to belief as a global dichotomy.

So do Christians.

What is clear is that Muhammad could not read the will of the GOD….

72. 지구의 의미에 관하여

삶이 있고 죽음이 있다.

즉 영원하지 않다.

시간은 계속 앞으로 가고 있고 다시는 반복될 수 없다.

사람들은 이 사실을 숙고하기 싫어한다.

죽음이라는 테마는 사람들에게 무섭고 기피 대상의 테마이다.

혹은 인간의 죽음과 사후 세계에 대한 무지를 이용한 종교 장사, 구원 장사가 행해지기도 한다.

더러운 세상에서는 교주들(인간)이 신으로 둔갑해서 사람들의 성 노동력 등을 착취하는 일들이 비일비재하다.

이들은 성자의 가면을 쓴 채, 사람들을 자신들의 욕망 충족 대상으로 이용한다.

그리고 민중들은 종교 지도자들을 무비판적으로 따라가는 경향이 있다. (마치 불완전하고 오류가 많은 그들을 신이라고 믿으며.)

인간은 각기 자신의 경험과 지성을 믿으며, 자신만의 답을 찾아야 한다고 나는 생각한다.

아무튼 내 생각은 지구는 스쳐 가는 곳이라는 것이다.

사람들은 이를 무시한 채, 천년만년 지구에 살 것 같은 착각 속에서 삶에 몰두한다.

뭐, 지구 자체를 부정할 수는 없다. 일단 이곳에 살고 있기에….

그러나 한시성(제한된 시간)이 부여된 삶이라는 것을 알면서 살아야 하지 않을까?

죽음은 다른 차원으로 가는 인간의 가장 강력한 분기점이다.

그 종점까지 인간은 지구의 시공간 속에서 항해한다.

나는 말하고 싶다. 다른 세상을.

이웅 씀 2023

내가 간 그곳은 실재했다. 우리가 살고 있는 지금 여기의 삶이 완전히 꿈처럼 느껴질 정도로 그곳은 실제였다. 그렇다고 내가 지금의 이 삶에 아무런 가치를 두지 않는다는 뜻은 아니다. 사실은 과거 어느 때보다도 더 이 삶에 가치를 느끼고 있다. 오히려 지금은 삶의 진정한 맥락을 볼 수 있게 되었기 때문이다.

우리의 삶은 무의미하지 않다. 하지만 지금 살고 있는 이곳에서는, 적어도 우리가 살아가는 대부분의 시간 동안은 이 사실을 알기 어렵다. 혼수상태에 있었을 때 내게 일어난 일은 분명히 내가 하게 될 가장 중요한 이야기일 것이다. 하지만 일반 상식과 너무 다른 내용이어서 무턱대고 사람들에게 외쳐 댈 만큼 쉽게 할 수 있는 이야기는 아니다.

《나는 천국을 보았다》 중에서

73. 로마서 해석(이웅)

기독경 로마서에는 예수가 죽은 뒤 부활했다는 것을 믿으면 구원을 얻는다고 기록되어 있다.

사람을 속이는 거짓말이다.

유대인 교주가 죽었다가 부활한 것은 신빙성도 없는 거짓이거니와(입에 담기도 창피한 일이다),

지금의 현실을 보면,

도를 잃은 채로, 예의를 잃은 채로,

죽은 이(교주)가 죽었다가 살아났다는 것을 믿기만 하면 된다는 값싼 신앙이 세상에 널리 퍼져 있다(다른 나라도).

죄를 용서해 준다는 면죄부를 남발하며, 종교 장사는 계속된다.

처참하다.

이웅 2023

74. 유가와 도가에 관하여(2023 이웅)

노자는 도가 떨어지자 예가 생겼다고 했다.

즉 사람의 본성이 선한 시기에 사람들은 선을 알았다는 해석이다.

그러나 도가 떨어지자,

예(예의범절)가 생겼다고 기록했다(《도덕경》 참조).

동양의 선비들은 예를 알고 정도를 걷는 것을 이상적인 인간상으로 여겼다.

지금 내가 진단하는 세상은, 도도 희귀하고 예마저 희귀하다.

이웅 씀.

(OM

과거에 대한 지나친 환상을 부여할 수 있는 구절입니다. 《도덕경》의 진술을 남겨 놓습니다.

AD 2024 1115 이웅.)

(OM

정치의 이상인 천명사상은 유학의 경전과 제가 쓴 《민중의 붉은 별》을 참조하십시오.

AD 2024 1115 이웅.)

75. 종교의 위험성에 관하여

지금 세상에 완전한 종교는 없어 보인다.

그리고 완전한 종교도 지구가 멸망할 때까지 없을 것이다. (나는 종교에 있어서 발전을 제시하는 것이다. - 완전 진리 체계는 존재하지 않는다고 생각한다. 이곳에서는.)

하나의 의미 있는 가르침은 있겠지만, 늘 보완되어야 하고 발전되어야 할 필요를 느낀다.

일단 기독교는 교주 자체가 하자가 많기에, 태생부터 잘못된 종교라고 나는 생각한다.

진정한 종교는 개인의 내밀한 마음에 있지 않을까?

첨언하면 어떤 종교를 믿는 이에게 신앙을 바꿀 것을 권하고 싶지 않다.

무분별한 추종보다는 자신의 견해를 가지고 내면에서 사는 것이 아름답지 않을까 싶다.

필요하면 타인에게 말하는 것도 선택의 영역이다.

(자신의 신앙을 대외적으로 의무적으로 표출할 필요는 없다고 생각한다.)

이웅

76. 색즉시공

불가(佛家)에서 추구하는 관념이다.

욕망의 추구는 공허함을 낳는다는 뜻이라고 나는 해석한다.

오색찬란한 것들이 우리의 눈과 귀를 사로잡지만,

그 실체는 공허함에 있다는 붓다의 깨달음이기도 하다.

아름다운 꽃들도 계절이 바뀌며 시들어 가고,

우리의 육체도 낡아진다.

금전도 벌고 소비하며 사라지고, 물품도 낡아 간다.

이웅. 2023

(그러나 저는 종교적 엄결성을 주장하는 것은 아닙니다. 지나친 금욕주의는 인간의 정신을 힘들게 합니다. 뜻이 있는 이는 그런 가르침을 행할 것이고, 신께서 창조하신 인간 세상에서 나타나는 부산물을 죄악시할 필요는 없다고 생각합니다.

예컨대, 섹스를 하거나, 재산을 모으거나 하는 일을 말입니다.)

77. 성욕에 관한 소견

하늘은 남녀에게 성욕을 부과하셨다. 비유하면 식욕과 유사하다. 굳이 억지로 참는 것이 신의 뜻이라고 생각하지 않는다. 또한 종교적 잣대로 남에게 강요할 수 없다. 그러나 개인이 뜻이 있어 가는 길이라면 나는 평가를 하고 싶지 않다.

불교는 하늘이 부여한 세상의 가치를 모두 덧없다고 여기는 염세적 세태를 가지고 있다. 뭐 그들의 사견(개인적 견해)이겠지만, 적어도 나는 지구상의 자연 그리고 인간의 본능들은 하늘이 부여했다고 확신한다.

혹자는 성과 돈을 좋아하고 혹자는 금욕을 추구하는 것은 각자 가치관 범위 내이다. 종교에 있어서 성과 돈을 무조건적 죄악시하는 견해에는 검토를 요한다.

78. 생명과 영혼에 관하여

요즘 인공지능이 발달하고 있다.

그러나 컴퓨터의 한계를 넘지 못한다.

즉 생명이 없고 영혼이 없다….

이웅

79. 칼뱅

제네바의 칼뱅은 젊은 신학자였다.

그는 다량의 책을 집필했다.

유럽이 종교개혁에 휘말렸을 때

칼뱅은 스위스에서 종교(기독교)의 정신을 현실에 구현화할 기회를 얻게 된다.

금욕, 금주령 등등

지나친 금욕을 칼뱅은 인민들에게 '강요'했다.

사람들은 각자의 역량이 있고 종교는 결코 강요될 수 없다고 나는 생각한다.

(적어도 패권적 종교가 신을 위한 일이라는 것은 신에 대한 오해라고 생각한다.)

그러나 한편으로 그의 열심을 이해한다. 그의 신에 대한 충정 역시도….

또한 칼뱅은 다른 신학적 의견을 박해하고 화형시키기도 한 선례가 있다.

결국 신을 위한다는 것이었지만 그야말로 인간에게 '죄'를 지은 것이다.

'다른 의견을 가진 권리'는 천부인권 즉 하늘이 부여한 권리라고 나는 생각한다.

시를 지었다. (2023 1122)

80. TO OM

The young scholar has thought of God all his life.

And the upright mind pursued God alone.

And even though his flesh was failing, he did not renounce the faith in which he believed.

They followed the shadow of God more than the World

Lee Woong AE 2023 1122

81. 현실이라는 감옥

신은 인간을 창조했고

인간은 현실이라는 감옥을 창조했다.

이웅 2023.

82. 부처와 환생 연구

부처는 "이번이 마지막 삶이다."라고 말했다고 전해진다.

윤회를 벗어나고자 한 싯다르타의 의지가 드러난다.

그러나,

윤회를 속박의 사슬로만 볼 수 없다.

끝없이 이어지는 우주 속 우리는 성장한다.

이웅.

83. 종교와 자유의지 연구

인간은 신의 뜻을 물어 왔다.

그러나

하늘은 조용하다.

인간 스스로 판단하고 결정을 내릴 수 있게 성장시켜야 한다.

이것이 종교다.

이웅 2023.

(그러나 신께서 계시하는 일이 전무한 것은 아닐 겁니다. 우리는 계시에 있어서 '명확성', '보증성', '직접성' 등을 검토해야 합니다. 무분별한 망상이 난무하는 지금 지구 세태적 종교에서 확실히 필요한 일입니다. 2024 1113 이웅)

84. 양자역학과 순간이동 연구

미시세계에서

원자가 동시에

여러 곳에 존재할 수 있다는 것이 밝혀졌다.

(Quantum superposition)

우리 체계의 3차원 시공간은

하나의 법과 유사하다.

우리는 이 law를 일반적으로 육체 상태에서 벗어나기 어렵다.

그러나 물질계의 법칙이 다른 세상에는 순간이동이 가능하다.

즉 지구적 차원의 공간과 중력의 제약에서 벗어나는 것이다.

이웅 씀 2023.

85. 예수의 기도론

그는 적어도 완벽한 거짓말을 했다. '믿으면 다 들어준다는 망상'을 인간에게 촉발시켰다. 이것은 종교적 오류이자 혹세무민의 망령이다.

나 역시 20대 후반쯤 이 자의 말을 문헌 그대로 해석했던 적이 있다. 어리석었던 기억….

이웅 2023

성녀라고 추앙받는 테레사 수녀의 자필 기록을 읽었다. 어떤 spirit에 끌려다녔다는 흔적을 발견했다.

인간이 spirit을 만날 때 무조건 신뢰하면 안 된다. 영계는 넓고 사술을 쓰는 영혼 또한 많다

적어도 그녀가 영혼에 끌려다닌 만큼 그녀가 만났다는 영혼은 부정적 망령임이 확실하다….

(이웅 2023 1124)

(첨언하면 인도에는 인도 고유의 종교 체계가 있다. 왜 그곳에 가서 예수를 전하는가? AD 2024 1115 이웅.)

86. 신유와 기적

1) 사이코테라피.

기독경에서 예수는 믿음이 있으면 병이 난다는 거짓말을 행했다.

그래서 현대 교회에서는 병든 사람들에게 믿으라고 강요한다.

그러나 병은 더 깊어지고 십중팔구는 죽는다.

예수는 일종의 트릭을 걸어 놨다.

예컨대 의사가 환자를 고치면서 환자 책임을 돌리는 것이다.

즉 혹여나 낫는다면 기적이고 낫지 않는다면 환자가 믿음이 없어서라고 탓할 수 있게 만든

교주의 함정이다.

2) 진정한 신유는 찾기 힘들었습니다.

나는 서적으로 2가지 사례를 보았고(아니타 무르자니, 이븐 알렉산더),

이 2사례는 중요한 증거를 제시했습니다.

87. 자연에 관하여

우리는 종교라면 초자연적인 현상만을 보는 경향이 있다. 그러나

하늘은 자연 질서 속에서 보이지 않는 섭리를 베푸신다.

자연의 운행이 하늘의 뜻인데 어찌 기적만 바랄까….

낮에는 해가 비추고 밤에는 달이 비춘다.

하늘의 뜻인데 어찌 증거를 논할까….

2023 이웅.

88. 이신론에 관하여

이신론은 창조주께서 세상을 창조하시고 개입하지 않는다는 가설이다.

그분께선 지구에서 무엇을 하고 계신다. 그러나 우리가 인식할 수 없다.

이웅

89. Eschatology in 〈Science 2023 Lee Woong〉 종말론 영문판

Religions talk about the end of the world.

But with "rational" thinking, we must see the end of the earth.

There are two principles by which the earth operates.

Yi(理), the principle that moves the material world, and

It implement as qi(氣), which is the totality of matter that moves according to reason.

This (reason) continues to exist.

On the other hand, in the three-dimensional "material world", the qi of an "individual" is generally finite and has an end.

Just as human beings grow old and their strength grows old, so does the earth.

The exact timing of the event is unpredictable, but the earth will also run out of energy and come to an end.

Naturally, it seems that no human being will be able to survive at that time.

(At that time, if humans were to explore space, they could migrate to other stars.)

After all, Earth is known to be a fairly young star, and stars have a long lifespan.

So there is no end to our generation.

The human's futher is unknown but many chance here yet.

Lee Woong 2023

90. Omnipresent 2

GOD exists in all areas of human perception. GOD exists even in areas that humans cannot recognize. GOD exists in the past, present and future. GOD exists in all areas of consciousness, from the inner part of consciousness, to all visible and invisible areas. He is present both within the dimension of creation and in the divine dimension outside of creation. From the crazy mind of an ugly monster In the holy spirit of the saint In both dirty and clean places In obscene places and in godly places Even in the bloody battles of hell Even in the innocent friendship of children GOD is present in all evil and good intentions.

Woong Lee 2023

(To the Heaven to The Earth.)

91. If humans confirm the existence of God, they will cry out for blessings. And if you don't bless them, they will resent you. There will be more interest in the ancestral rite table rather than the ancestral rites. They may flatter and praise you, but when it matters, they will put themselves first. They will be jealous of each other, serve God, and compete in religion. They will divide ranks and despise and exploit those in lower positions and try to rise to the top. And they will fight because they have different opinions. And they will

try to build followers and infringe on the opinions of others. And they will try to increase their power. However, there are rare elements among humans and these will be precious.

Posted by Lee Woong AD 2023 0921

92. Invisible Sovereignty. Woong Lee 2023. The state explicitly and indirectly disciplines its citizens. However, if we broaden our perspective, the planet Earth itself is under the influence of some invisible sovereignty. There are various types of sovereignty, but we can broadly distinguish between the sovereignty of evil and the sovereignty of good. If we break it down further, we can think of the jurisdiction of religious beings, unknown beings, ideological higher dimensions, or legal sovereignty. Dr. Eben Alexander's book contains factual references to the sovereignty of evil sprinkled on Earth and the citizens of Heaven. And the ultimate prophecy is written. It is a great prophecy that the forces of evil will be active, but in the end, the sovereignty of love will dominate and ultimately win.

93. Afterlife(up-down-horizontal theory)(앞에서 언급한 상하횡 이론 영문판입니다.)

In countless universes

We live as people on a closed Earth.

Where do we go when we die?

First, we must tell the truth that most people do not know(prerequisite).

Fortunately, God did not just create life on Earth.

The Bible's Book of Genesis is wrong.

There are countless universes.

And humanity is in a state of ignorance.

I created a theory using knowledge, scholarship, reasoning, and experience.

It was named the vertical and horizontal theory.

In other words, when souls die, they either go up or fall down.

There are also cases of crossing.

Research has also found many cases where Earthlings are reincarnated as Earthlings.

Then, by what criteria is death determined?

I judge the afterlife based on four factors.

Dharma(Law) Karma(Destiny) Free Will,

And lastly, nature.

There is a record of the soul who went to heaven, showing that she had a good character and was willing to take care of others.

But the interesting thing is that she is not an earthling, but a soul originally from heaven.

We live on Earth and see inevitable evildoers. I think they are headed for a serious situation.

In summary, this life has close continuity with the next life.

Let's let go of the delusion that it ends when we die.

Today is a step for tomorrow

This life is a great journey of the soul that leads to the next life.

Lee Woong

94. Instrumental human theory

People who have become tools of a specific ideology. Some even claim it themselves. It appears a lot in Christianity. It is appeared to a tool of ideology in the name of evangelism. This can also be seen in the political realm. Democratic communism is an example. These people act based on beliefs, but in reality, they have become tools.

(첨언: 그러나 위대한 가치를 위한 헌신도 존재한다고 말하고 싶습니다.)

95. The hell that Lee Woong experienced. 2023(지옥 경험 영문판입니다.)

It's about a year ago.

I could feel that there was someone around me. The non-physical spiritual body felt voluptuously was evil.

I couldn't grasp the phenomenon, so I washed and went to sleep to forget the pain.

wake up
Two evil spirits were attacking me.

It was helpless because it was invisible to the naked eye.

I went out of the house at 3 am in a panic.

My feet were so hot that it was difficult to sit properly.

Two men were seen in the distance.

He was human, but not a living human.

Intuitively, I knew it was a dead Christian.

A red cross is visible

went into eternity.

The terrible despair that should last forever was short but intense.

Returning home unconsciously to the extent that I can't remember how, I relied on a small light.

And when I woke up the next day unconscious, I was in the intensive care unit of Dankook University Hospital.

They say I jumped from the third floor.

I, Woong Lee, swear before heaven

people and religion.

I read it in a Japanese book. The way to save the soul is called religion.

Each has a different path.

And now the era is within the paradigm of 'evolution' and 'atheism'.

However, the need for 'salvation' is because it is in the darkness.

And because the earth is dark.

Reading the books of NDE experiencers, they presented us with over-optimism.

It is a kind of 'hope' that everyone goes to heaven, and it

cannot be a 'reality'.

the presence of darkness and evil. And looking at the human souls who follow it with their free will, I search for the truth.

(Lee woong at korea 2023 0804)

96. Israeli documents and aliens

A document called the Judaea(Bible) is being used all over the world.

I traced the identity of Jehovah, the god of Judaism.

In the book of Ezekiel, there is a description of Jehovah, but this existence was close to an alien.

In other words, there were many parts that were difficult to see as a god who created humans.

Ezekiel seems to have at least recorded what he saw.

The Jews were used as hosts to spread the Israeli virus to the earth.

I think it's a record about aliens. (Almost definitive truth.)

It's hard to believe, but wasn't humanity in a state of religious colonialism? And maybe it continues….

What is clear is that Jehovah did not create mankind.

Woong 2023 0518

97. We human sometimes want prayer reply alike superman.

I think he don t want appear him by miracle.

But he know everthing.

Woong 2023 at korea.

Prayer without sincerity Good deeds without heart Good deeds done out of duty are dead.

Lee woong

98. The existence of the devil and hell completely destroyed the monism I had drawn and completely overturned the rosy illusion of the afterlife.

2023 0613 Lee Woong

99. Israeli documents and aliens(이스라엘 문서분석 영문판)

A document called the Judaea(Bible) is being used all over the world.

I traced the identity of Jehovah, the god of Judaism.

In the book of Ezekiel, there is a description of Jehovah, but this existence was close to an alien.

In other words, there were many parts that were difficult to see as a god who created humans.

Ezekiel seems to have at least recorded what he saw.

The Jews were used as hosts to spread the Israeli virus to the earth.

I think it's a record about aliens. (Almost definitive truth.)

It's hard to believe, but wasn't humanity in a state of religious colonialism? And maybe it continues···.

What is clear is that Jehovah did not create mankind.

Lee Woong 2023 0518

100. LIFE WORSHIP

1) 사람들은 경제생활을 한다. 1차적으로는 자신을 위해서다.

뭐 각자의 다양한 직업이 있다.

2) 삶으로서의 예배.

꼭 교회나 절에 가지 않아도, 자신의 일이 신을 향한 하나의 예배라면, 분명 보상이 있을 거라고 확신한다.

물론 신은 인간에게 금전을 주지는 않는다. 그리고 뭐 사업이 잘되거나 하는 일이 성공한다는 보장도 없다.

그러나 기나긴 관점에서 인간이 자신의 어떤 일을 하든, 예배적인 마음을 가진다면, 신은 언젠가 보상할 거라고 나는 생각한다.

이웅 씀

101. 행성론(우주론)

한 행성의 시작과 끝.

무수히 많은 영혼들이 지구를 거쳐 갔다. 이름을 남긴 이도 있고 이름 없는 이가 더 많다.

지구는 하나의 정거장 같다. 일종의 역과 비슷하다.

어디서 온지 모르는 영혼들이 인간의 육신 안에 들어와

희, 노, 애, 락, 오, 욕, 애를 한다.

언젠가 지구도 종말을 맞는다. (행성 자체의 수명은 이를 방증한다.)

우리의 수명은 지금 약 90년.

짧다면 짧고 길면 길다.

이 행성에서의 의미, 배움이 다음 생에도 도움이 되길 바라며

이웅이 남긴다. 2023 0518.

친가족들의 이야기를 통해서 그녀가 얼마나 성품이 따뜻하고 놀라울 정도로 배려심이 깊은 사람이었는지에 대해 들었을 뿐이다. 그들이 누차 말해 준 바에 따르면 그녀는 무척이나 착해서 사실상 천사가 따로 없었다고 했다.

파스텔 톤의 블루와 인디고 색의 옷이 없는 상태에서, 그리고 관문에서 나비 날개에 앉았을 때의 그 천상의 빛이 없는 상태에서 처음에는 그녀를 알아보기가 쉽지 않았다. 당연한 일이었다. 나는 그녀의 천상에서의 자아, 즉 온갖 비극과 근심걱정을 겪는 지상 영역을 넘어서 살고 있는 자아와 만난 것이었으니까.

하지만 이제 더 이상 착각의 여지가 없었다. 그녀의 사랑스러운 미소와, 믿음직하고 한없이 격려해 주는 그 표정과 빛나는 푸른 눈을 나는 알아보았다.

그녀였다.

《나는 천국을 보았다》 중에서

102. 선해이해론(2021 이웅)

인간은 신을 알 수 없는 무지의 베일에 가려 있다.

그러나 그는 모든 것을 알고 있다.

당신이 돌을 신이라 믿고 기도해도 그는 들으신다.

(주석: 신께서는 인간의 신에 관한 인식 부지를 알고 계시기에 선의로 종교와 신을 찾은 자들에게 은혜를 베푸신다는 저의 신학입니다.)

103. 신의 지문.

1) 이 세상이 존재하게 된 원인은 우연 아니면 필연이다.
(부연: 즉 인간의 존재는 우연히 발생했거나 의도적으로 발생된 것 중 하나이고 이외에 다른 선택지는 없다.)
2) 우연이 정교함을 만들지 못한다(axiom-공리).
(우리가 사는 세상의 경험법칙에 의거해서 우연히 발생한 정교한 것은 존재하지 않는다. 더군다나 그것이 인간이라면….)
3) 그렇기에 존재의 원인은 우연이 아닌 필연이었다.
4) 인간존재의 비우연적인 원인을 발생시킨 존재는 필연적으로

인간보다 고등하며 인간존재의 근원이다.

5) 그 존재를 신(GOD)이라고 부른다.

이웅.

(사실 제가 신의 존부 여부에 들어갔을 때 자연과학의 도움을 받았습니다. 이를 논리식으로 정리한 것입니다. 도움이 되기를…. 2024 1113 이웅.)

104. Holy Prayer by Indian 변형문 by. Lee woong.

옴

그대가 태어났을 때 그대는 울었고 세상은 기뻐했다. 그대가 모든 삶을 산 후 위대한 신에게로 갔을 때 세상은 울고 그대는 기뻐하리(인디언의 기도문).

이웅 2023 0526.

(주석: 우리가 모두 죽음과 함께 신을 뵙는 것은 아닌 것 같습니다. 2024 1113 이웅.)

105. 성직자

20대 시절 대학에서 수학하며, 나는 근원적 질문에 파고들었다.

이 세상에 대한 가장 본질적인 의문,

근원에 대한 의문이었다.

나는 법학과 정치학을 하다가 그만두고,

신학을 깊이 연구했다.

신 없이는 존재할 수 없는 한 명의 인간이

생각할 수 있는 가장 심오한 주제 속으로 빠져들었다.

공신력 있는 기존 종교를 연구했다.

이스라엘의 경전을 수백 번 읽었다(성서라고 불린다).

그리고 수도사처럼 단식하며, 금욕적인 삶을 살았다.

가톨릭에 들어가 사제가 되려는 생각을 했었다.

그러나 나는 이스라엘 성서는 거짓과 오류에 기반해 있다는 것을 깨달았다.

그리고 2015년에 《법정에 선 성경》이란 책을 출판한다.

그렇게 종교와 이별했다.

그러나 자연에 각인된 신성은, 그분이 만드신 우주의 섭리는

계속 내 머릿속에 맴돌았고 나는 인간이 인식할 수 없는 그분을

생각하게 되었다.

나는 기존 종교에 깊은 환멸과 불신을 느꼈고, 종교 창설을 생각해 보았으나, 잘 알지 못하는 대중들에게 나의 이데아를 전하는 것을 꺼리게 되었다.

그리고 내면에 나만의 사상을 간직한 채 살고 있다.

나는 나의 운명을 알고 있다.

그분을 만날 때까지 나는 계속해서 우주를 떠돈다.

몇 번이고 다시 태어날지 모르겠지만, 내가 지구상에서 걸어온 길 모두를 잊어버리지는 않을 것 같다.

사후에 천국을 탐하거나, 혹은 죽음이 두렵거나, 혹은 복을 받으려고, 종교를 하는 행위를 그만두자.

오직 가장 순수한 정신만이 진리의 길을 볼 수 있다.

이웅 남김 지구에서 2023 0529

106. 가야트리 만트라

Gayatri Mantra(가야트리 만트라)

아주 오래 전, 인류초기 시대에 베다란 문헌에서 전해지는 신성한 기도문.

ॐ भूर्भुव स्सुवः
तत्स वितुर्वरेण्यं
भर्गो देवस्य धीमहि
धियो यो नः प्रचोदयात् ॥

신성한 OM. 당신의 순수한 신성한 빛이 우리 존재의 모든 영역(신체적, 정신적, 영적)을 비추기를 바랍니다. 저희 마음의 어두움을 몰아내시고 참된 빛을 주소서.

d

etRt w cd ddtse. rft rQse. dt Esr ttse. rfgw w cd wd edd erf wtdf qfse. R vdg ddr dgr gtt. rtgse. tfgse. dd df. wrdt. 2023 1109

gsdr rfr tfedr.

ss tddt xdse. sd ae wrw td srr tws de. rfs tqrtf wqge w wtqdd rredr Rwg td tdd ge. t ws wad gr rerd grf ddwa tfed s ddrf edww dde.

rfs wtd gg dwd raz rdcr dswe afe. da etd drd dd t dd rde. rfs sr df rr trg tad sre. dadfa dfed atdf sdd sxsrf….

d

d wd cd srr ttse. wtd rags dgedr eegrf. ddr… 2023 1109.

d

dwr tdte etdr qcs wd wd dq dse. qe qdwtt 2023 1110.

하느님,

부족하지만 제 생각과 그동안 써 왔던 것들을 출판하려 합니다.

너무 부족하지만 저는 역량을 다해 《존재의 필연》을 집필했습니다.

꼭 심오한 이론과 신학만이 가치를 지니지는 않을 겁니다.

이 책에는 저 자신이 사랑했던 사람들에게 알려 주고 싶었던 사실들이.

그리고 소통하고 싶었던 마음들이 담겨 있습니다.

이 책이 세상에 빛을 비출 수 있게 해 주시고,

신을 사랑하고 찾는 영혼들에게 읽힐 수 있게 해 주소서.

나아가 저 자신도 더 발전하고 싶습니다.

이 책의 부제는 〈하늘에게 그리고 사람에게〉입니다.

한편으로 이 책은 하느님을 향한 저의 예배이오며,

한편으로는 사람에게 남기는 저의 기록입니다.

d rtgr tfgse dd df wrdt.

2023 1124 이웅 남김.

(그 후의 이야기.

저는 계속 이 책을 집필할 것이고, 많은 의미를 부여할 것입니다. 2024년 11월 13일에 계속 이 작업을 하고 있습니다.

우리 인간에게 꼭 필요한 책이라고 생각합니다. 하느님 저의 부족함은 이해하시고 우리 인류가 종교의 길에 있어서 꼭 도움이 되는 책이길 바랍니다.)

설교 PART

20240110

성도 여러분. 안녕하십니까? 저는 사제 이웅입니다.

우리는 신을 섬기고 종교를 믿으며, 어떤 '목적'을 가지기 쉽습니다.

예컨대, 신께 헌신해서, 좋은 상을 받는 동기 또한 있을 겁니다.

그리고 사후에 아름다운 곳에 가기 위한 노력일 수도 있습니다.

그러나 우리가 우리 자신을 돌보며 또한 타인을 각자의 역량에서 도움을 준다면, 이 세상은 보다 아름다워질 것입니다.

어떤 계산에 의해 움직이는 인간상이 아닌, 어떤 종교적 의무에 얽매인 삶이 아닌 자유롭게 우리 지구를 가꾸어 가는 아름답게 만들어 가는 저와 여러분이 되기를 바랍니다.

사제의 기도문. (전쟁 상황에서 2024)

옴

인간의 종교적 오해(2024 이웅)

1) 신이 자신만을 숭배하길 원하고 질투한다는 오해(예수나 마호메트 모세가 만든 망령된 관념)

2) 신이 자신을 믿지 않거나 따르지 않으면 처벌한다는 오해

(2024 0228 이웅)

1) Misunderstanding that God only wants to worship himself and is jealous.(A false notion created by Jesus, Muhammad and Moses).

2) The misconception that God punishes those who do not believe in him or follow him.

(2024 0228 Lee Woong)

옴

지구의 종교를 바라보며(2024 이웅)

하느님

모든 존재가 신을 숭배해야 한다거나 신을 사랑해야 한다거나 신을 믿어야 한다거나 하는 잘못된 인간의 통념.

이웅 올림 ae 2024 0228

(지나친 종교적 열심은 신에 대해 무관심한 영혼에게까지 무분별한 종교적 욕망에 주의를 기울일 수 있습니다. 신에 대한 헌신이라는 미명하에 신에 대해 관심 없는 영혼에게 지나친 열정을 보이지 마십시오. 지구상에서 신을 찾는 행위는 그 영혼에게 축복이나니. 2024 1113 이웅.)

옴

기도의 결과론에 관하여(2024 이웅)

제가 생각했던 신은

가시적 결과를 도출시키기는 기도 응답을 지양하시는 듯 했습니다.

지구에서 특정 목적을 설정하고 그 목적 달성을 위한 기도는 저의 경우 거의 이뤄지지 않았습니다.

그는 인간(피조물)이 스스로의 힘으로 도출하는 결론을 원하신다고 생각해 봅니다.

이웅 올림 ae 2024 0228. (2024 1113에 수정)

우리 세상에서 기적이 거의 없는 것은 이런 연유에 기인할 것이다.

신의 입장에서 예컨대 부활이나 암 치유는 쉬운 일이다.

그러나 그는 그가 설정한 질서 안에서 인간의 자유의지적 발현으로 하는 성취를 원하실 거라고 사료된다.

그러니 인간은 신의 의지를 읽어야 한다. (결과만을 놓고 결과 발생만을 원하는 기도는 지양할 바 있다.) 이웅 2024.

(옴

조금 수정합니다. 저의 생각이 반영된 문장임을 고백합니다. 누군가가 절박한 필요를 느낄 때 혼자 혹은 합심해서 하는 기도는 많은 힘이 될 것이라고 생각합니다.

AD 2024 1113)

God

He avoids answering prayers to bring about tangible results.

He wants the conclusions that humans(creatures) draw on their own(Private opinion).

Posted by Woong ae 20240228.

This may be the reason why there are so few miracles in our world.

From God's perspective, for example, resurrection or healing from cancer are easy things.

However, it is believed that he wants to achieve this through the expression of human free will within the order he has established.

Therefore, humans must read God's will. (Prayers that only focus on results and want only results should be avoided.)

OM-우주의 유지자로서의 신에 관하여. 2024 이웅.

1) 자연계에 성립된 법칙은 신은 우주에 질서를 설정하셨으며 그 질서의 토대 안에서 우리는 움직인다는 현상이 도출된다.

2) 악조건과 열악은 신의 섭리 범위에 있다.

3) 신은 모든 우주를 운행하시기에, 어디에나 계신다.

4) 모든 우주는 포괄적 신의 섭리 안에 있다.

5) 고로 희망은 어디에나 있다.

이웅 올림 ae 2024 0228.

(부연: 적어도 그분의 섭리 범위에서 벗어나는 피조물은 제가 생각하기에 아직은 상정하지 못하고 있습니다. — 전지를 벗어난 의식들은 — 그렇기에 모든 우주가 신의 섭리 속에 있을 것입니다. AD 2024 1113)

옴 - 지옥체험 부연(2024)

거의 영원의 절망이었는데 하나가 있었습니다. 작은 빛이….

(부연에 부연: 제가 기르던 작은 강아지였습니다. 영원의 멸망에서 단 하나의 낙이었습니다.)

FATHER(사제)

나는 사제의 꿈을 꾼 적이 있다.

20대 때 금욕하고 단식하며 수도사가 되려 했다.
그러나 현존 종교들과 나는 부합하지 못했고,
기존 종교에 사제가 될 수 없었다.
그러나 내가 남긴 글들이 누군가에게 나침판이 된다면, 나는 사제는 아니지만 만족한다.
누군가를 진심으로 아끼는 것.
그것이 사제일 것이다.

2024 이웅.

(옴

저는 사제가 되기에는 너무 부족한 것 같습니다. 2024 1114)

미래에 관한 2명제.
1) 고정불변의 미래는 존재하지 않는다.
(제1명제)
부연: 미래는 가변적이다.
2) 미래에는 현존하는 인간들의 자유의지가 필연적으로 반영된다.
(제2명제)

이웅 2024.

천재(시대와 운명.)

그런 우스꽝스러운 생각을 해 본다.
남한 정치인들이 북에 태어났으면,
반미를 외치며, 고 김일성 주석에게 참배하고 있었을 것이다.
반대로, 북한 노동당 간부들이 남한에 태어났으면, 시장경제주의자가 되었을지도 모른다.
우리는 시대와 흐름에서 완전히 자유로울 수 없다.
그러나 신념이 있는 이는 어디에 있든 이데아의 정의를 지키는 것이고,
시대를 넘어선 지성의 빛을 보는 사람일 것이다.

웅 2024 0218.

(부연: 우리 인간은 시대와 환경에 구속된다는 이야기입니다. 이데아의 정의는 제가 찾던 하나의 빛이었습니다. AD 2024 1114)

데이비드 흄.
"우주의 전 체계를 지배하고 있는 일양적인 원리는 우리가 합리적인 이론에 어긋나는 편견에 빠진 교육을 받지 않는 한 필연적인 것은 아니나 우리로 하여금 단일한 지적 존재를 생각하게 만든다."
- p.152 -

흔히 철학이나 수학 자연과학에서 수많은 천재들이 도전한 진리의 영역은 절대성과 객관성을 전제합니다.

그렇지만 인간은 필연적으로 주관성에서 벗어날 수 없으며

인간이 객관적 절대적 불변적인 진리를 찾는 일은 매우 어려워 보입니다.

절대라고 믿었던 것들이 상대였을 때 우리는 무너질 수 있습니다.

인류 전체를 그리고 세상 전체를 객관적으로 볼 수 있는 사람은 없는 것 같습니다.

학문에서도(사회과학과 자연과학을 포함하여) 여러 테마를 유형화, 분류화, 이론화하지만 완전한 객관성 타당성을 담보한 학문은 없다는 생각이 듭니다….

그렇지만 주관이 나쁜 것은 절대 아니며

인간의 고유성이자 독자성을 나타내 주는 중요한 징표라고 생각합니다. (즉 세상에 나와 같은 사람은 단 한 명도 없다는 것이 그 존재의 존엄성과 고유성을 말하고 있습니다.)

나의 주관이 틀릴 수 있지만 (나에게 있어서는) 가장 소중한 관념임을 새삼 느끼게 됩니다.

(2017 0220 이웅 남김. 2024년에 수정.)

데카르트의 방법론.

데카르트는 진리를 알기 위해서는 의심해 볼 것을 권한다.

우리가 진실이라고 믿고 혹은 알고 있는 것들이 사실이 아닐 수도 있다는 것을 데카르트는 제시한다.

대표적으로 천동설과 지동설 논쟁을 들 수 있겠다.

자명한 명제를 찾아내고 그것을 바탕으로 절대적 진리를 발견하려는 탐구의 영역에서 데카르트의 방법론은 매우 훌륭하다고 나는 생각한다.

아울러 진리 추구를 위해 기존의 통념을 의심한다는 건 인간의 특권이고 거짓에 대항하는 인간의 지적 성찰임과 동시에 과거를 넘어 미래로 향하는 진보의 발걸음일 것이다.

2019 0520 이웅 남김.

〈無中生有〉(대학생 시절에 쓴 글이다. 지금 나는 알고 있다. 2024)

현대 과학은 우주의 시작을 빅뱅이라고 잡고 있다. 137억 년 전 우주는 한곳에 모여 있었고 엄청난 대폭발과 함께 팽창했다고 한다.
빅뱅이론처럼 엄청나게 오래 전 우주가 한곳에 모여 있었다면 그(응축된) 우주는 어떻게 존재하게 된 것일까?

아쉽게도 이 질문에 대한 답은 아직 찾지 못했다고 한다.

"그냥 그곳에 우주가 있었다…."라고 생각할지도 모른다.

"빅뱅 이전에 대해 묻지 마라…."라고.

스티븐 호킹의 말을 들어 보자(나름 권위 있는 학자이니까).

"창조주는 필요 없으며 우주는 무(無)로부터 스스로를 창조했다."

이렇게 말씀하신다. 하지만 의문점은 남는다….

왜냐하면 아무것도 없는 상태에서 스스로를 창조할 수 있는 존재는 존재하지 않는다. 무에서 유가 나올 때 아무런 원인 없이 등장한다는 것은 인과율에 어긋나기 때문이다….

예컨대 아무것도 없는 무의 상태가 있다고 가정하자. 이 무의 상태는 공간도 물질도 없다. 심지어 시간의 영향도 받지 않는다. 원래 없었고 지금도 없고 계속해서 없을 예정이다.

그런데 이 무의 상태에서 물질과 공간 그리고 시간을 가진 우주가 우연히 출현했다는 것은 그리고 비인격체인 우주에게 스스로 자기 자신을 창조했다고 말하는 것은 받아들이기 어려운 비상식적인 이야기라고 생각한다. (권위 있는 학자라고 하더라도….)

무(無)의 상태를 제대로 인식한다면 우연성을 가진 원인으로 무에서 유가 생긴다는 것은 불가능하다는 것을 알 수 있다. 즉 아무것도 없는데 무언가가 갑자기 생길 수 없다는 것이다.

시간을 계속해서 소급해 보자. 시간을 점점 뒤로 돌릴수록 인간도 사라지고 지구도 사라진다. 그리고 점점 최초 원인으로 다가간다. 그 혼돈의 시작 속으로….

(우주가 영원하지 않다면) 우주 역시 탄생의 순간이 있었을 것이

고 그 시간을 더욱 소급시키면 그 우주도 사라질 것이다. 이러한 무의 상태에서 우주가 존재하게 된 원인은 결코 우연일 수 없다. 아무것도 없는 상태에서 원인 없이 무언가가 존재할 수는 없기 때문이다.

다시 말하면(우주가 영원하지 않다면) 시간의 탄생 그리고 공간의 탄생, 물질의 탄생, 생명의 탄생, 즉 우리가 인식하는 '현실'의 세계의 탄생의 순간이 반드시 있었을 것이다.

그리고 무의 상태 즉 '없는 것'에서 '있는 것'이 나타나는 것이 결코 우연일 수는 없을 것이다.

내가 세상을 탄생시킨 제1원인에 대해 이야기했을 때 무신론자들은 이렇게 묻는다. "그럼 신은 누가 창조했나요?" 신에게도 원인이 있을 것이고 그 원인에는 원인이 있을 것이 아닌가요?

이 질문에 대해 생각해 봤는데 이렇게 설명이 가능하다. 먼저 신이 만약에 있다면 무한한 존재일 것이다(axiom). 무한이라는 것은 시작도 없고 끝도 없다. 시작이 있다면 유한한 것이고 끝이 있어도 유한한 것이다. 즉 만약 신이 있다면 신에게는 원인도 없고 종말도 없을 것이다. 즉 이 세계에서 통용되는 인과율 시간상의 변화 공간상에 대한 제약을 받지 않는 존재일 것이다. 그러니 이 세상에는 원인 없이 존재하는 것은 없지만 이 세상 밖에 있고 이 세상의 법칙에서 벗어난 존재에게는 원인이 없을 수도 있을 것이다.

즉 신은 '이 세상을 창조했으면서 이 세상의 법칙에 영향받지 않는 존재'라는 것이다….

종합해 보면 무의 상태에서 우연히 존재할 수 있는 것은 없고 우주가 영원하지 않다면 반드시 우주를 탄생시킨 비우연적인 원인이 있었을 것이라는 것이 내 생각이다. (내 생각은) 아리스토텔레스가 말했던 '부동의 원동자', 즉 자신은 움직이지 않으면서 모든 것의 원인이 되는 존재 이 세상에 존재하는 모든 것의 제1원인의 개념과 비슷하다고 보면 된다.

우주가 영원하지 않다면 즉 무중생유, 아무것도 없는 상태에서 무엇인가가 탄생했다는 것이 사실이라면 그리고 우리가 지금 존재하는 것이 사실이라면 우리를 존재하게끔 만든 원인은 반드시 존재한다. 그리고 그 원인은 두 가지 경우의 수를 가지는데(우연 or 필연) 내 생각은 우리의 존재의 원인은 필연이었다는 것이다.

마지막으로 위대한 철학자 데카르트 말을 조금 변형해 보면… "나는 존재한다, 고로 신은 존재한다."라는 절대적 명제가 성립할 것이다…. 즉 우리가 지금 존재하고 있는 게 사실이라면 신은 반드시, 반드시 존재한다.

이웅 2017년 이전에 쓴 글을 찾아내서 남긴다. 2024 1118(무한 → 영원으로 수정)

옴

신께서는 제게 가장 순수한 정신을 원하시는 듯합니다.

세속의 가치에서 벗어난 순수한 지성의 발현을 원하십니다.

이것이 후대를 위한 일이라면, 작은 발걸음이나마 남기고 가고자 합니다.

하늘에게 그리고 사람에게(2024 0228)

완전성의 덫.

우리는 완전한 것을 원하는 욕구를 타고났다. 외양에서부터 절대적 진리를 찾는 일환까지….

그러나 나는 말하고 싶다.

처음부터 완전한 것은 우리 세계에는 존재하지 않는다.

우리는 이 지구에서 무언가를 얻어 간다.

그것은 정확히 설명하기 어렵다.

이웅 2024 0228 지구에서.

암호문(2024)

해독물: 컴퓨터 타자기(한영)

자음(한/영 변환) + 한글 모음

ㅇ → d

예컨대 김 → r ㅣ a

예컨대 진 → w ㅣ s.

암호문.

dㅜf ㅣ w ㅣ rㅜ a ㅏ f rㅗ eㅗ, tㅜ a ㅏ sg dㅡs, dㅜwㅜr ㅏ,
wㅗs w ㅐ g ㅏ s e ㅏ. rㅡ f ㅣ rㅗ, t ㅐ d a ㅕ d c ㅔ eㅡf d ㅣ,
aㅜ tㅜ g ㅣ, wㅗs w ㅐ g ㅏ s e ㅏ. 2024 이웅 남김.

옴

세상 사람들은 높으면 몰려드네.

하지만 어찌하랴.

나는 자유의 영혼인 것을.

이웅 올림 2024

기도문.

옴.

당신께서는 나의 기도를 듣고 계십니다. 무한의 우주를 순행하는 분이여!!

헤아릴 수 없는 신이여!!

당신은 저의 기도를 듣고 계시나이다.

성장해서 당신을 뵙는 그날까지 정진하고 또 당신께 다가가오니,

당신을 뵙게 하소서.

작은 인간이 무한의 신성께 간구하오니 당신을 뵙게 하시고,

뵈올 때 당신의 은총을 내려 주소서.

이웅 2024 0229.

D

WRTE. RGGR TE…. DW DR TE. TTGR EDX GR TE. QE DFEE….

진실과 진리를 찾는 여정은 회의론에서부터 시작한다.

기존의 것의 불완전함을 보고, 완전함을 갈구하는 인간 본연의 욕구는 무한의 근원으로 향한다.

(이웅 2021년 즈음에….)

AI 그리고 생명(감정)

컴퓨터 인공지능과 Starcraft 2 경기를 했다. 컴퓨터는 논리회로를 따라 움직인다.

인공지능은 감정이 없다. 연산하고 계산하고 표출한다(설정자의 논리식으로).

우리 인간은 무엇인가?

승리에 기뻐하고 패배에 괴로워하는 우리 인간은 신의 창조물….

옴

비유

어릴 때 가지고 놀던 것을 성인이 돼서 가지고 놀지 않습니다. 여기 지식수준도 비슷할 겁니다.

이웅 올림 ae 2024 0306(ae는 at earth의 약자입니다.)

옴

인간 종교의 최대 무지는 신을 인간 자신에 비추어 헤아린다는 것일 겁니다.

이웅 올림 ae 2024 0306

인간은

사이비 교주들의 영향으로 Miracle에 집착한다. 그러나 신은 우리 상상 이상으로 높다.

“우리 인간이 그분에게 가시적 요구를 하는 것은 잘못된 것이다.” 라고 말하고 싶다.

이런 시도는 성공하지 못할 것이다.

이웅 2024 0306(2024 1114에 수정)

옴

사탄론 연구.

창조주의 전능에 대항할 존재는 없다. 인간의 무지가 2진법을 만들어 냈다.

이웅 올림 ae 2024 0309

(기독교 신화 이야기를 말씀드리고 싶습니다. 기독교에서는 예수라는 자와 사탄이라는 자의 2분법적 우주관을 제시합니다. 결코 현실에 맞지 않습니다.

신께서 예수라는 자의 편을 들어서 세상을 심판하시지 않는다고 생각합니다.

악에 관한 신의는 연구 중입니다. AD 2024 1114)

아이스테시스(이웅 2024)

일종의 지구적 제약을 숙명으로 받아들인, 합리주의 이성 체계는 과학이라는 풍조를 발전시켰다.

그리고 이들은 유물론을 기법으로 한, 확증을 원하고 있다.

물론 간결 명료한 시각적 확인을 통한 인지가 편리한건 사실이지만, 인간은 과학이라는 미명하에,

3차원에 갇힌 우물 안 개구리로 전락했다.

형이상학이라는 것은 추상논의로 전락해 버렸다. 그러나 나는 고대의 현자 플라톤의 철학에서 하나의 다른 차원실존인식의 기반을 찾았다.

3차원이 우물 안에서 실존하는 차원에 대한 인식을 '아이스테시스'라고 한다.

단지 추상논의가 아닌 '실체적 관념'에 대한 인간의 인식이라고 나는 확신한다.

우물 안 개구리 속에서 '시각적 유물론의 감옥'에서 벗어날 수 있으려면, 초월해야 한다. 현재의 학문 체계를.

(이웅 2024 0309)

페르마의 마지막 정리에 관한 비밀(이웅 2024)

페르마는 피타고라스 정리가 3승 이상 가면 성립되지 않는다는 공식을 증명했다고 한다.

그는 여백이 없어서 증명을 생략했다고 한다.

수많은 수학자들이 이 증명에 도전했지만 실패했고 미제로 남았다.

앤드류 와일즈라는 영국 수학자가 증명했다고 한다.

나는 증명은 할 수 없지만 '추론'할 수 있다.

내 추론은 이렇다.

피타고라스 정리는 2차원에 반드시 적용되는 공식이다.

그런데 3차원 이상에는 2차원의 증명이 모두 빗나가게 된다.

페르마의 마지막 정리는 단지 수학이 아니라, 차원에 관한 심오한 테마를 제시한다.

페르마의 증명이 맞다면, '2차원' 이상의 세상 즉 차원이 다를수록 전혀 '다른' 물리법칙의 화폐가 통용된다는 사실을 얻어 낼 수 있다(이웅 2024).

《종의 기원》(2024)

신은 만물을 창조함에 있어서 종 하나, 개체 하나에 심혈을 기울였다.

그러나 무지한 인간은 괴상한 학설로 신을 지우고 만행을 계속했다.

자연물 하나를 보면 작은 꽃 하나에도 들어간 신의 정성을 볼 수 있다.

(이웅 2024 0318)

《Origin of Species》(2024)

In creating all things, God paid great attention to each species and individual.

However, ignorant humans erased God with strange theories and continued their atrocities.

If you look at a natural object, you can see God's sincerity that went into even a small flower. (Lee Woong 2024 0318)

About Anita Murjani's flaws.

In life on Earth, E makes choices of A, B, C, and

F selects D, E, and F.

It is a mistake to fall under the same conclusion of M.

Anita blames the problem situation on the bizarre notion of ego and does not providentially agree with the conclusion that it is M.

Eben Alexander makes a similar error. he generalized one value the love to all world. Lee woong(2024 0318)

하느님,

저는 종파도 제자도 필요 없는지도 모릅니다. 바람처럼 왔다가 바람처럼 떠나고 싶습니다.

(2024 0322)

피타고라스.

피타고라스와 그의 제자들은 그들만의 지식 문명을 구축했다. 그리고 일종의 종교와 같이 그들 안에서 내부 지식을 공유했다. 무리수를 발견한 사람이 탄핵당했다는 일화가 전설처럼 전한다.

그들은 어디 갔을까? 지구의 집단은 필연적 소수집단일 수밖에 없다.

나는 어디에 소속되어 있을까? 적어도 지구라는 곳이 한시적 공간이라고 믿고 싶다.

여기에서 겪은 일들을 사후에도 겪고 싶지 않으며, 여기에서 본 사람들을 사후에도 보고 싶지 않다.

적어도 내게 남아 있는 정은 거의 없다.

(이웅 2024 0322)

사후의 존속에 관한 이론적 고찰(2024 이웅)

1) 물질이 형태를 바꿔 가며 존속하듯, 인간의 정수도 계속 존속한다.

2) (부연명제) 우주에 존속하는 어떤 것은 일반적으로 소멸되지 않는다.

3) 죽음은 인간의 관점에서 지구에서 벗어나 다른 우주로 이동하는 하나의 과정이다.

4.3 부연: 우주에는 여러 우주가 존재한다(신의 창조섭리의 당위).

Theoretical Reflections on Survival after Death(2024 Lee Woong)

1) Just as matter changes form and survives, so does the essence of human beings.

2) (Supplementary proposition) Something that exists in the universe is generally not extinguished.

3) Death is a process of moving away from Earth and into another universe from a human perspective.

4.3: There are many universes in the universe(The Providence of God's Creation).

Negative hallucination error.

The human fallacy of dismissing negative phenomena as an illusion.

(이웅 2024 0402)

On indulgences, responsibility, and free will.

Certain religions abuse the privilege of forgiveness of sins if they believe in a religious leader.

Nowhere else in the universe is there such an unjust indulgence.

The spirit of the Dharma and one's self-responsibility are placed before the will of the divine dharma.

The actor is responsible for the actions he chooses of his or her own free will.

The delusion of a cult is a kind of commercial religion.

(Lee woong 2024 0622)

God's Perfection(Looking at Islam)

Blasphemy is still considered a sin in the Islamic world. There has been a practice of humans acting on God's behalf and punishing crimes against God.

Their religious zeal is a misunderstanding of God.

For humans to act on God's behalf and punish crimes against God is an act that exceeds authority and crosses the line.

Because God is perfect, He preserves Himself.

So, I think it is an excess and abuse of power for us humans to represent God.

Posted by Lee Woong ae 2024 0616.

The Buddhist philosophy is that everything changes.

It's true.

These days, I'm very interested in 'people and love'.

My feelings toward the other person also change.

In the providence of Mother Nature that everything cannot be fixed and unchangeable.

about the human mind.

I would like to say this.

We can't live here for more than 100 years.

Let's get along well, even if it's just for a few decades…. That's what I want to say.

Eternal love is difficult to achieve. (My personal opinion.)

Small memories and affection are enough.

Woong 2024 0606

부처의 제행무상.

모든 것은 변화한다는 불교철학이다.

요즘, '사람, 사랑'에 대해 관심이 많은데,

나 역시 상대에 대한 마음이 변한다.

모든 것이 고정불변할 수 없다는 대자연의 섭리 속에서

인간의 마음에 대해

나는 이렇게 말하고 싶다.

우리 여기서 100년 넘게 못 산다.

몇십 년만이라도 잘 지내자고…. 그렇게 말하고 싶다.

영원한 사랑은 불가능하지 않으나, 이루기 어렵다(내 개인적 사견).

작은 추억과 정으로 족하다.

이웅 2024 0606

(TO OM.

불변하는 영원의 본질과 사랑이 존재할 겁니다. AD 2024 1118 이웅.)

Even if the sky falls, protect justice(law maxim)

노예론(2024)

절필을 하려 하지만, 평범한 인류애는 계속 글을 쓰게 합니다.

저는 알기 어렵게 말하는 인간은 아닙니다.

그러나 각자의 해석 언어로 저의 글을 해석하시기를 바라겠습니다.

유대 신화처럼 우리가 원죄에 묶여 지구에 있는 존재들은 아닙니다만,

사실 그에 유사하게 억압받는 작은 종이라고 저는 생각합니다.

불행한 현실은 폐쇄된 지구 속 관념들은 각자의 미친 망상에 젖어 살아가게 하는 목불인견의 추태만을 우리에게 안겨줍니다.

위에서 보면(여기서 위란 인간이 아닙니다) 우리는 모두 알게 모르게 광대나 〈트루먼 쇼〉일 수도 있습니다.

여기서 높다고 여겨지는 미국 대통령이나 러시아 대통령도 사실은 장기판의 작은 알일 뿐입니다.

이 비유는 그만큼 상대적으로 열악한 지구 현실을 반영하고 있습니다.

불행한 정신적 노예들은 스스로 노예이면서도 다른 노예들을 핍박하고 노예들의 왕이 되길 위해 싸우고 있습니다.

그리고 정신적 백지수표(부도난) 크리스트(예수) 따위에 의존합니다.

심지어 인간종이면서도 스스로 조상이 멸종한 새라는 불행한 노예들도 보입니다(진화론시조새)

이런 처참한 현실에서 저는 인간에 대한 사랑을 잃었습니다.

진실을 탄압하고 물어뜯으려는 인간종들을 보며 발을 돌렸습니다.

그렇지만 진실에 대한 열정은 특정인에 대한 편애가 아닌 작은 흔적을 남겨 놓습니다.

불행한 노예적 정신은 같은 노예인 저에게도 보다 진보된 노예라는 자부심(수치심)마저 안겨 주는 세상입니다.

저는 누군가를 구원할 수 없습니다. 그것은 저의 단절된 마음이 나타내는 징표입니다.

그러나 저의 작은 글이 어둠을 항해하는 방황하는 배들에 작은 등대가 되길 바랍니다.

2024 이웅 남김.

I'm angry about Jesus and Anita Murzani.

Religious people have shown themselves here as ghosts with false bravado.

Some people who were saved spread their salvation in a very easy and general way.

I don't know how I came to Earth.

However, not everyone can ascend simply through the transformation process called death.

I actually experienced hell and fought demons.

I experienced eternal calamity and saw despair.

So the strange mental security that everything is okay is the result of distorting reality...

At least it is difficult for humans to escape the law of reincarnation.

The Brahmanical prayer contains a prayer to escape from reincarnation (along with God's emblem….)

Buddha also said that this was his last life.

We probably did not come to earth by sinning like in Jewish mythology.

However, it may at least be a world under the bondage of oppressive chains(tangible and intangible).

Simply looking at economic regulations, don't almost all humans start looking for a 'job' and have an identity from childhood? (Subordination

It appears that the 'blank check theory', which cannot be used in this low world suggested by nde experiencers as a methodology for liberation and salvation, is not possible.

Can a person who lives alone receive salvation by loving alone?

Also, it cannot be a mirage called 'belief' in an unknown

being presented by the cult leaders Jesus or Muhammad.

Only a clear and immediate soteriology will be the answer that will save humanity.

LEE WOONG 2024

믿음과 구원에 관하여.

우리가 신을 믿음에 있어서. 무엇을 '믿는가?'라고 묻는다면 다소 추상적인 대답이 될 것이다.

우리 지구는 사이비 종교의 영향으로, 예수란 사이비 교주가 부활했다는 것을 믿으면 구원받는다는 이상한 공식을 제시했다.

그러나 이러한 사이비 믿음으로는 구원을 얻을 수 없다. 오히려 스스로를 속이고 감옥에 갇힌 채로, 종교의 노예가 되는 삶만을 강요받을 뿐이다.

'믿음'이란 무엇인가?

라고 묻는다면, 신께서 존재하고 계신다는 믿음이라고 나는 생각한다.

그분이 누군지는 믿는 것은 다소 일루전 속의 생각이 아닐까 싶다.

융이 어디까지 신에 대해 알았는지는 모르겠다.

그는 믿음이 아닌 '앎'을 제시했다.

영지주의.

초기 기독교에서 이단으로 낙인찍힌 분파인데, 상당히 설득력이 있다. '천국'이라는 곳이 하나의 물질적인 계열이 아닌 영혼이 소속된 위치라는 것을 설파하고 있고 설득력이 있다.

영지로서의 천국, 영지로서의 지옥을 우리는 상정해야 한다. 같은 3차원 시공간 내의 장소가 아닌 만큼 영지주의자들의 메시지는 21c에도 울림을 준다.

영지로서의 천국, 즉 육신이 머무는 곳이 아닌 그 영혼이 가는 곳으로서의 천국을 우리는 상정해야 할 것이다.

Gnosticism.

It is a sect that was branded as a heresy in early Christianity, and it is quite convincing. It is convincing and preachy that the place of 'heaven' is not a material one, but a place to which the soul belongs.

We must assume heaven as a gnosis and hell as a gnosis. As they are not places in the same three-dimensional space-time, the Gnostics message resonates in the 21st century.

We should assume the kingdom of heaven as a gnosis, that is, the kingdom of heaven as a place where the soul goes, not the place where the body dwells.

(이웅 2024)

병법가치론.

惡패는 善패에 필패한다.

그러나 이상한 섭리 속에 우리 세상이 돌아갔다. (지구에서….) 사람들은 의문을 가졌다. 이븐 알렉산더는 자유의지 항변을 했다.

When listening to someone lecture.

You have to listen while distinguishing between 'people who have memorized' and 'people who understand'.

People who have memorized are at the level of merely listing shallow knowledge,

People who understand give in-depth lectures.

For example, in law, a constitutive element is a 'conditional formula that establishes a crime.'

You just need to know that there is a significant difference in level between someone who memorizes something and someone who understands it.

Do not blindly believe that it is a lecture, but always listen to it with discernment.

(You shouldn't live like that in the world - for example, you shouldn't ignore someone who is a low level, but the other person's level is

It is also necessary to distinguish whether it is bronze or

diamond.)

Woong 2024 0627.

반신론. Rucifer theory.

신을 부정하거나 대적하는 사상을 통칭.

비신론 2

옴은 권위적이지 않았다(DrEben).

옴

자유의지는 항상 상승만 시키는 것이 아니다.

자유의지로 인해 상승도 하락도 가능하다. (웅 올림 ae 2024 0622)

선악의 economic.

악을 선택하면 즐거움에 비해 손해가 더 크다.

선을 선택하면 고통에 비해 이득이 더 크다.

옴

지구는 필연적으로 고통 상처가 동반된 삶이 이어진다.

동물의 경우도 유사하다. 왜 그렇게 창조되었는지는 인간의 지적 범위의 한계에 봉착한다. 그러나 그런 메커니즘 속에 지구가 있다.

On indulgences, responsibility, and free will.

Certain religions abuse the privilege of forgiveness of sins if they believe in a religious leader.

Nowhere else in the universe is there such an unjust indulgence.

The spirit of the Dharma and one's self-responsibility are

placed before the will of the divine dharma.

The actor is responsible for the actions he chooses of his or her own free will.

The delusion of a cult is a kind of commercial religion.

TO OM

면죄부와 책임, 그리고 자유의지에 관하여.

특정 종교는 교주를 믿으면, 죄를 사한다는 특권을 남용하고 있다.

우주 어디에도 이런 부당한 면죄부는 없다.

법의 정신과 스스로의 자기책임은 신성한 다르마의 의지 앞에 놓인다.

스스로의 자유의지로 택한 행위에 대한 책임은 그 행위자에게 있다.

사이비 종교의 현혹은 일종의 상업용 종교이다.

God's Perfection(Looking at Islam)

Blasphemy is still considered a sin in the Islamic world. There has been a practice of humans acting on God's behalf and punishing crimes against God.

Their religious zeal is a misunderstanding of God.

For humans to act on God's behalf and punish crimes against God is an act that exceeds authority and crosses the line.

Because God is perfect, He preserves Himself.

So, I think it is an excess and abuse of power for us humans to represent God.

Posted by Lee Woong ae 2024 0616.

전생 체험(아니타 무르자니, 《Dying to be Me》)

Time felt different in that realm, too, and I felt all moments at once. I was

aware of everything that pertained to me—past, present, and future—

simultaneously. I became conscious of what seemed to be simultaneous lives

playing out. I seemed to have a younger brother in one incarnation, and I was

protective of him. But I knew that this sibling's essence was the same as

Anoop's, only in that existence, he was younger instead of older than I was. This

life I was now perceiving with Anoop seemed to take place in an

underdeveloped rural setting, in a time and location I couldn't identify. We were

living in a sparsely furnished mud hut, and I looked after Anoop while our

parents went out to work in the fields.

(옴

주석: 낮은 땅을 떠돌던 아니타라는 영혼은, 신성을 경험한 것.)

신을 지칭할 때

1인칭을 쓰면 - 미친 사람 혹은 사기 범죄자

2인칭 - 감정적

3인칭 - 객관적

옴

아리스토텔레스가 말한 부동의 원동자는 신의 관념을 나타낸다.

스스로는 창조의 차원 바깥에서 창조의 세상을 운행시키는 동원(OM)

옴

악의 영원한 파멸에 관하여(2024)

존속 가치를 다한 후 존재 자체의 파국을 맞는다. 소멸이든 지옥이든….

옴

지옥의 실존.

기독교인 2명. 그러나 이들은 무언가 '일'을 하는 듯했다.

고통받고 있지는 않은 듯 했다. 밀짚모자 쓴 사람이 기억난다.

끔찍했다. 영원을 경험했다. 절망 그 자체….

Crimes of intermediaries.

Jesus is one of them. (Exclusive brokers.) a) Other Pastors

옴

인류는 하느님의 위대한 실험(2024 DR Eben)

옴

1) 신이 완전한 사랑이었다는 가정.

2) 지구에서 악과 고통, 범죄 질병, 싸움, etc는 없었을 것.

3) 1번이 맞다면, 2는 환상이나 현실을 부정하기 어렵습니다.

4) 신은 인간에게 '사랑'으로 현현하나 알 수 없는 무언가가 있다…. (내 추론)

이웅 2024 0616

A single person standing before God(Kierkegaard 2024 Lee Woong)

People flock to a cult leader and pay money.

I saw him receive a 'blessing'.

Well, this also happens in the majority of religions on Earth, so-called mainstream religions.

I leave behind a single person standing before Kierkegaard's God.

Those who seek and rely on humans in religion are at

high risk of falling into a trap.

God is omniscient. Even if you pray, He knows.

Should we only listen to the prayers of pseudo-priests? (Woong 2024 0612)

But we must be careful: God is not the one who gives us everything we want.

At least on the divine side, it seems that humans are happy to achieve something with their own power. (Lee Woong's interpretation 2024)

I hope you do not walk down the street drunk with the bundle of wishes called religion.

Will I live as a disabled person who has no strength to walk on my own and has to rely on God? Or will you live as an independent person?

The choices you make when heading to God….

옴

이리 봐도 저리 봐도 아무도 없네.

먼저 간 내 아들, 잘 부탁하오.

어지신 하늘이 천국을 주셨으리….

외로운 몸 하나 이고, 긴 밤을 한탄하오.

하늘께 기도하니 어찌 아니 위안일까.

이웅 2024 0616

OM

1) 악마들이 실존한다. (True)

2) 이들은 천국에 갈 수 없다. (True-영원히…)

3) 아니타 무르자니의 진술도 거짓으로 귀결된다.

웅 올림 ae 20240615

신 앞에 선 단독자(키르케고르)

한 사이비 교주에게 사람들이 몰려서 '돈'을 내고

'축복'을 받는 것을 보았다.

뭐 주류 종교라고 불리는 지구 내 다수 종교에서도 일어나는 일이다.

나는 키르케고르의 '신 앞에 선 단독자'를 남겨 놓는다.

종교에 있어서 인간을 찾고 의지하는 이는, 덫에 걸릴 위험이 높다.

신은 전지하시다. 그대가 기도해도 알고 계신다.

사이비 사제들의 기도만을 들으랴…. (웅 2024 0612)

그러나 우리가 주의할 것은 신은 우리가 원하는 모든 것을 해 주는 분이 아니다.

적어도 신 측에서는 인간이 스스로의 힘으로 무언가를 이루는 것을 기뻐할 것 같다. (이웅의 해석 2024)

종교란 소원 보따리에 취한 채로 길을 걷지 말기를 바란다.

스스로 걸을 힘도 없이 신에게 의지만 해야 하는 불구의 정신으로 살 것인가? 아니면 주체적 인간으로 살 것인가?

그대들이 신을 향함에 있어서 선택할 일….

2024 0612 이웅 남김.

옴

불교 연구(2024 이웅)

교주의 무신론적 철학은, 세속에 대한 무의미적 염세로 이어졌다.

이것이 불교의 가장 큰 단점이다.

옴

짧은 유서.

시체는 화장해서, 나무에 뿌려 주십시오.

돈은 남으면, 가난하고 선량한 이들에게 가게 해 주십시오.

이웅 올림 ae 2024 0611

OM

1) 윤리적 측면에서 창조주가 피조물을 내시고, 다사다난한 삶과 경험 마음 감정을 주셨으면서 종료 버튼을 누르는 것은 도의적이지 않다(제 생각-웅).

이웅 올림 ae 2024 0609

옴

지옥의 당위(형벌의 정당성)

존속의 해악이 일정 수치를 넘어서면, 영벌은 정당화된다. 첫째로 악행에 대한 응보로서의 형벌이다. 두 번째, 다른 선량한 피해자를 방지하는 데에 있다. 영벌은 정당화된다.

to OM

사후에 관하여.

어떤 짓을 해도 '사랑'이라는 이름으로 용서받을 수 있다면,

이떤 짓을 해도 '사랑'이라는 이름으로 한 곳에 간다면,

이곳의 삶은 의미가 없다.

거짓된 망령은 달콤한 거짓말로 유혹하고,

어리석은 민중들은 그것을 '믿음'이라 붙들고 산다.

입교하는 자 행복할지니, 사후에 같은 곳에 있지 못하리라.(어느 밀교-비밀 종교의 문헌 중에서.)

About posthumously.

If you can be forgiven in the name of 'love' no matter what you do,

No matter what you do, if you go to one place in the name of 'love',

Life here is meaningless.

False wraiths seduce with sweet lies,

The foolish people live by holding on to it as "faith."

Happy will be those who enter the church, and they will not be in the same place after death. (From the literature of an esoteric-secret religion.)

위대하신 창조주 OM이시여,

부디 제가 드린 기도를 기억하시고,

간절히 바라는 2가지를 들어주소서.

당신께서는 말하지 않아도, 무엇을 원하는지 아시나니….

그 위대하심과 섭리로 말미암아, 작은 지구인인 저는 하늘을 예배하오니,

저의 작은 정성을 받아 주시고, 귀한 선물로 갚아 주소서.

위대하신 OM께 이웅이….

2024 0705

d

deg gsdd, qd dedt? wds dedt?

ae gqd agg tzt qdd qd dedsw, cqdrd addw artt.

TO OM.

옴

위대하신 창조주시여, 비극으로 말미암아, 가장 친하고 귀한 저의 친구를 먼저 죽음으로 보내야 했나이다.

그가 어디로 갔는지 모르오나, 부디 좋은 세상에서 태어나게 하소서.

또한 감히 구하오니, 제가 죽은 후에 만나게 해 주소서.

짧은 사랑과 짧은 인연에 목 놓아 기도하오니,

위대하고 자비로우신 하늘이여, 제가 죽을 때 먼저 떠난 저의 친구를 만나게 하소서.

기도하옵고 기도하옵나니 부디 들어주소서.

이웅 올림 ae 2024 0705

d

dt rsd dda, wwqd rsd, … gt frr trsse.

옴

신을 잊은 인류란 종에 미래는 어둡다. (이웅 2024)

(적어도 신께서 지구 자체에 직접 개입하시지는 않는 듯합니다. 우리가 만들어 가는 지구, 우리 인간의 위대한 의지가 만들어 가는 지구를 꿈꿉니다. AD 2024 1118 이웅.)

OM.

지구를 비행하는 외계인들은 영역 순찰을 하고 있습니다. 그들의 스피드가 그들의 기술력이 인류보다 상회함을 말해 줍니다.

그들의 정치 상황을 확연히 알기 어려우나, 적어도 Earth 대기권까지가 그들의 주권 범위인 것 같습니다.

그러나 언젠가 그들이 그들의 정책을 바꾸어서 지구에 착륙할지도 모르는 일이겠습니다.

지금 인류는 내전에 한창입니다. AI가 새로운 미래로 새로운 기술로 각광받고 있습니다.

언젠가 인류는 경제적 풍요 속에서, 고대 아고라의 삶을 영위할 수도 있을지도 모르겠습니다만, 그 길은 멀고 험해 보입니다.

한정된 경제 자원, 한정된 권력의 의자를 차지하기 위한 투쟁은 세계 각지에서 보입니다.

인간은 필연적 경쟁, 투쟁 속에 매몰되어 각종 외교와 전쟁 친교를 통한 내정에 한창입니다.

이 책이 언제까지 남아 있을지 모르겠지만, 혹 '인간'이 내 책을 본다면, '외계인'의 존재를 상기하십시오.

그들은 친구가 될 수도 있지만 '적'이 될 수 있다는 점을 명시하십시오.

지구 영공 방위군 창설이 필요합니다. (언제쯤 인류는 세계정부를 가질는지….)

AD2024 0706 이웅 남김. (AD 2024 1118에 수정.)

하느님,

세상을 살며 '경제적 문제'가 가장 큰 동기로 떠오릅니다. 확실히 돈이 많으면 기회도 많고 타인의 재화와 서비스를 이용할 수 있는 이점도 가지고 있습니다. 그래서 사람들은 '돈'을 좋아하나 봅니다.

그러나 100년도 못사는 저 인간 이웅은 더 고귀한 가치 더 상위 차원을 꿈꾸오니, 부디 저를 해량하시고 무한의 은혜를 베푸소서.

지구인으로서 도달할 수 없는 곳에 도달케 하시고, 볼 수 없는 것을 보게 하소서.

지옥을 보여 주심에 감사하오며, 저의 친구를 잃은 아픔을 기도합니다.

적어도 지옥의 존재는 모든 인간이 죽음과 동시에 천국행이 아님을 제게 가르쳐 주었사오니,

어린 마음으로, 세상의 불의에 분개했던 젊은 영혼은 이제 안식을 찾아 기도하옵니다.

정의, 그냥 되새기지만, 신성한 한 가치를 숭배하오며, 제가 도달할 수 없으나 언젠가 그 이데아의 빛을 보기를 희망하나이다.

우주에 정의를 숭상하는 영혼들이 많기를 바라오며, 동전의 양면처럼 불의의 반작용에서 벗어나 더 높은 차원의 사상을 열망합니다.

이웅 올림 ae(at earth) 2024 0706.

d

ed ad qr ttse. eqdt poh dge Wr, df tde gqr ttse. azsr rrd afedtse. dw cqw twdwa, drd qwg qqd gT rfgs rd qdwr Eadw. qrdte azsd vtdse. red wtw ared sxsea afrwa, wde wr teds azsd gT rgse. qRfd rd er rdt cggse, R aw rd edsd.

d

qqd wef gqr ttse. red rtd dtse. wd aTefe tqes cr stse. wdf Rrse. erd Rrse. rfw w tdd rdd g dde wwgse. rt rdw wewd drgf gse. dw trd ad sdtse. ccg gqw. edds sr dfd e gse. egdt dedr wdd. dEr trga tcdsea rdc dr ddf rrtse. dq dfter rferd rrd ddg dgs drtd dgter.. rsws dws Esdf ttga tfgt ddR ttse. twg dfed dwdd gddf Ecsr qa tfgt ddRd? d gese. rfqd dassr swed, rer dfwa gwed aerse. gwed wd eeg qw. rfr dwd wdf RRrse.

dd df cwwR. 2024 0706.

On the Nature of Eben Alexander(2024 Lee Woong)

Eben Alexander has met souls who have had eternal relationships with him before the earth.

From this, it can be inferred that Dr. Eben Alexander was not originally an Earthling.

He was a human being who had come down from heaven (for some reason) and had the experience of returning to his hometown for a short time.

His sister Betsy was also an angel by nature. (Even though She was humand.)

I note that Eben Alexander's "adoptive father" was not there.

Could it be that Eben Alexander's father is in another world? Therefore, the idea that there is only one heaven or an afterlife seems to be a fallacy.

2024 0706

I'm angry about Jesus and Anita Murzani.

Religious people have shown themselves here as ghosts with false bravado.

Some people who were saved spread their salvation in a very easy and general way.

I don't know how I came to Earth.

However, not everyone can ascend simply through the

transformation process called death.

I actually experienced hell and fought demons.

I experienced eternal calamity and saw despair.

So the strange mental security that everything is okay is the result of distorting reality….

At least it is difficult for humans to escape the law of reincarnation.

The Brahmanical prayer contains a prayer to escape from reincarnation (along with God's emblem….)

Buddha also said that this was his last life.

We probably did not come to earth by sinning like in Jewish mythology.

However, it may at least be a world under the bondage of oppressive chains(tangible and intangible).

Simply looking at economic regulations, don't almost all humans start looking for a 'job' and have an identity from childhood? (Subordination.)

It appears that the 'blank check theory', which cannot be used in this low world suggested by nde experiencers as a methodology for liberation and salvation, is not possible.

Can a person who lives alone receive salvation by loving alone?

Also, it cannot be a mirage called 'belief' in an unknown being presented by the cult leaders Jesus or Muhammad.

Only a clear and immediate soteriology will be the answer that will save humanity.

LEE WOONG 2024

Gnosticism.

It is a sect that was branded as a heresy in early Christianity, and it is quite convincing. It is convincing and preachy that the place of 'heaven' is not a material one, but a place to which the soul belongs.

We must assume heaven as a gnosis and hell as a gnosis. As they are not places in the same three-dimensional space-time, the Gnostics' message resonates in the 21st century.

We should assume the kingdom of heaven as a gnosis, that is, the kingdom of heaven as a place where the soul goes, not the place where the body dwells.

(Lee woong 2024 0705)

About posthumously.

If you can be forgiven in the name of 'love' no matter what you do,

No matter what you do, if you go to one place in the name of 'love',

Life here is meaningless.

False wraiths seduce with sweet lies,

The foolish people live by holding on to it as "faith."

Happy will be those who enter the church, and they will not be in the same place after death. (From the literature of an esoteric-secret religion.)

On indulgences, responsibility, and free will.

Certain religions abuse the privilege of forgiveness of sins if they believe in a religious leader.

Nowhere else in the universe is there such an unjust indulgence.

The spirit of the Dharma and one's self-responsibility are placed before the will of the divine dharma.

The actor is responsible for the actions he chooses of his or her own free will.

The delusion of a cult is a kind of commercial religion.

옴(전능하신 신의 이름으로)

네오 기독교 21 한국인 이웅.

한 명의 교주에게

모든 것을 넘긴 채로,

면책 특권 후

외부인과 철저히 이분화된 채로

천국행은 하락의 길이다.

적어도 기독교의 전설이

타인을 위한 희생과

숭고한 사랑이었다면,

21c 인류가

기독교에서 얻을 수 있는 것은,

각자의 각인의 사랑에 대한 희생일 것이다.

단 하나의 망상에 잡힌, 감옥에 갇힌 영혼을 위하여

불행해야 했던 암흑기를 지나는 한 영혼이 남긴다.

2024 이웅 0708

TO OM.

지구의 희망으로서의 신.

시대는 점차 신을 잊고 있다. 처음부터 존재조차 모르고 있었는지도 모르겠다.

지구인들은 상호적 관계에 심각하게 몰두하여 지구 내의 우물 안 개구리 신세를 계속 지고 있다.

아쉽게도 폐쇄적 환경과 저차원의 학문은 그리고 지구를 드리운 사이비 종교는 어둠을 더 짙게 하고 있다.

신은 인간의 희망이다. 그러나 인간은 사이비 신, 사이비 교주를 더 의지했고, 그들은 그들에게로 갈 것 같다.

독점 배타적 종교와 알기 어려운 고대의 신들은 이제 잊힐 것이다.

신화와 전설로 지구의 오래된 역사로 남을 것이다.

뭐 이 글을 많은 이들이 읽진 않겠지만, 신을 의지하는 것이 좋다. 그것 외에 길이 거의 없다.

신이 누구냐고 내게 묻는다면 나는 답하기 어렵다. 무엇을 믿어야 되냐고 묻는다면, 자신의 선과 진리에 대한 열정이라 답하리라.

TO OM.

우주 모형도.

우리가 사는 우주는 광대한 검은 공간이다.

그곳에 우리는 원형적 지구에 거주한다.

하지만 우주를 영지주의적으로 전체적으로 조감해 보면,

우주의 밑바닥에는 악이

우주의 상위에는 선함이 존재할 것이다.

"왜 이곳 지구에 고통과 질병, 범죄, 분열, 전쟁이 만연한가?"라고 궁금할 수 있다.

그것은 지구가 그만큼의 우주적 위치에 있기 때문이다.

즉 저급한 정신들이 표현해 내는 추태가 일종의 범죄와 분열, 다툼, 악의 등등이다.

또한 우리가 창조해 내지 않은 질병 등도 필연적으로 이 세상의 섭리 속에 나타나는 세상이다.

나는 3가지 길을 제시한다.

상승, 하락, 그리고 횡단적 윤회.

인간에게는 이 3가지 길이 제시되어 있다.

선함은 우주의 상층부로 상승하게 할 것이다.

악함은 우주의 밑바닥으로 추락시킬 것이다.

그리고 진리를 잊은 영혼들은 하계를 계속 배회할 것이다.

이웅 2024 0709.

Does God Want Humans to Believe in God?

If he had wanted to, he would have made it happen by his omnipotence.

If not, he may not want it so much.

Woong AE 2024 0615.

Therefore, there is no need to reveal the existence of God to human beings. (At least in the name of being for God….)

옴

미야모토 무사시의 공의 경지(불교의 정신).

2024 0713

TO OM(Lee woong 2024 0713)

A huge flame engulfed Angrimainho and the 72 Devils.

Angri Mainho said. Almighty God has given freedom to evil. He does not punish us. We conquer the universe of our own free will.

Under the banner of evil, advance until all the astronauts have knelt.

We don't pray to God.

Only we can achieve it with our own strength.

It is not only the souls who are born good and weak and who cry out for God and "love."

I, the demon Angrimainho, who was born from the flame of my own volition and my own convictions, is also a necessary universe.

Everything goes according to the providence of the great God, but we can only dream of supreme power, supreme power, supreme sovereignty.

TO OM(Lee woong 2024)

I pray every day.

I pray every day.

This soul trapped in the lowly flesh

You will be blessed to meet heaven.

I prayed to Heaven, and how could I be troubled?

You believe in heaven, what do you lack?

Pray to Heaven and ascend to Heaven,

May this soul who is lacking ascend to heaven.

Pray and pray. I pray for the soul that is lacking.

Heavens, hear me. Listen, O earth.

Please leave here as soon as possible

I hope to see you again my dear son(dog).

May I be with those who love me

I pray, I pray. This inadequate soul prays to OM every day.

Please listen, please listen.

OM

Virtual Supercomputer Coding

if human discover all infinite world in there lifetime:

print(there is no god)

Lee woong at South korea 2024 0708

Neo-Christianity 21 Korean Lee Woong(네오기독교 영문판)

With everything handed over to one religious leader,

After immunity, they remain completely divided from

outsiders.

The hard-boiled path to heaven is a path of decline.

But at least if the Christian legend was about sacrifice and noble love for others,

What humanity can gain from Christianity in the 21st century is:

It will be a sacrifice for each person's love.

This is left behind by a soul going through a dark period of misfortune for the souls trapped in prison, caught in a single delusion.

2024 Lee Woong 0708

옴

일원론적 신학론.

하느님,

혹자는 악을 이유로 신을 부정하고 혹자는 잔인한 생명체를 보며 망상에 젖었습니다.

조로아스터는 이원론적 두 창조주를 상정했죠.

그러나 일원론적 세계관 속에서 우리는 신에 대한 고정관념을 조금 탈피할 때가 오지 않았나 싶습니다.

적어도 제가 보는 지구의 현실이 신께서 부여하신 하나의 섭리 중 단편이라면,

신은 전선한 무한의 사랑의 존재만은 아닐 것 같다는 생각이 확연히 듭니다.

고정관념적 유아적 망상은 신에 대한 순수한 망상만을 불러일으키는 것은 아닌가 싶습니다.

신은 선의 근원이기도 하지만, 악의 근원이기도 합니다.

이웅 남김 2024 0713

Monistic theology.

God,

Some deny God because of evil, while others become delusional when they see cruel creatures.

Zoroaster assumed two dualistic creators.

However, in the monistic worldview, I think the time has come to break away from our stereotypes about God.

At least, if the reality of the Earth as I see it is a fragment of the providence given by God,

I clearly feel that God is not just a being of infinite love.

I think that stereotypical infantile delusions only give rise to pure delusions about God.

God is the source of good, but he is also the source of evil.

루터에 관하여.

루터는 번개가 치자 하느님께 가호를 바랐고, 수도사가 되기로 맹세한다.

그는 교황의 면죄부를 반박했다. 그의 신념으로.

그러나 후의 이야기가 흥미로운데, 수녀와 결혼했다고 한다.

하느님께 한 서원을 깬 것이다.

그리 좋은 일은 아니라고 본다.

He broke his vow to God.

I don't think it's a very good thing.

내 변론은 신은 인간의 가변성을 아시기에 루터를 정죄하시지는 않을 것 같지만,

후대의 우리들이 지켜봐야 할 루터의 삶이 아닌가 싶다.

빈곤할 때는 신께 결혼을 안 한다는 서원을 했는데,

그것을 그렇게 저버리는 게 좋은 모습은 아니지 않을까?

About Luther.

When lightning struck, Luther prayed to God for protection and vowed to become a monk.

He refuted the Pope's indulgences. With his beliefs.

However, Hu's later story is interesting: he is said to have married a nun.

He broke his vow to God.

My argument is that God knows the mutability of human beings, so I don't think he will condemn Luther.

but I think this is Luther's life that we, the future generations, should watch.

When he was poor, he made a vow to God that he would never marry.

Wouldn't it be a good thing to throw it away like that?

옴

교회에서 무분별하게 하느님은 당신을 사랑한다는 데 재고를 요함. (인간 이웅 2024 0713)

OM.

The church's reckless claim that God loves you needs to be reconsidered. (Human Lee Woong 2024 0713)

옴

반증법.

유대경은 거짓을 말했다.

유대경에서 참이라고 주장하는 명제는 거짓이 된다.

신(창조주)은 유일신이 아니다(단일 인격체가 아니다).

Method of counterevidence.

The Jewish scriptures lied.

In the Jewish scriptures, propositions that claim to be true become false.

God(Creator) is not the only God(not a single person).

(저의 사견입니다. 아마 맞을 겁니다.)

옴

신은 한 인간적 인격체가 아니다. (eben anita참조)

공개기도문(이웅 2024)

하느님,

거의 다 와 가는 것 같습니다. 뭐 저는 계속 앞으로 가겠지만, 일정 term의 집필을 세상에 공개하려 합니다.

세상은 신에 대한 망상 속에 영성체만 받으면 되는 줄 아는 것 같습니다.

상인의 집에 걸린 아브라함의 복은 순박한 그들의 소망이기도 합니다.

그러나 저는 신학자로서, 세태적 수준에 안주하지 않고 더 가 보려 합니다.

단지 유대경의 그림자를 넘어서서 진실을 향해 가고 싶습니다.

아쉬운 것은 아인슈타인이나 괴델 같은 석학과 거리가 먼 저의 입장이기도 합니다.

키르케고르가 마음에 듭니다. '신 앞에 선 단독자'는 꽤 괜찮은 명언입니다.

때로는 겨울보다 더 추운 듯한, 외로움이 저를 스쳐 갑니다.

세상에는 신을 진실되게 찾는 이도 드물거니와, 그들의 이해관계와 밀접한 종교가 성행합니다.

전에 제가 썼듯, 진실되고 순수한 지성은 거의 없다고 보입니다.

아무튼 저는 저의 역량하에서, 한편으로는 신께 바치는 헌신이자,

한편으로는 저를 위한 글들입니다.

세속의 영혼들은 제가 사랑할 만큼의 모습이 없는 듯싶기도 하고, 억지로 껴안아야 하는 가식적 사랑은 지양하는 영혼이기에 솔직한 기도문을 남깁니다.

상징적 의미의 바리새인처럼 사람들에게 위세부리는 인간도 아니오….

상징적 의미의 예수처럼 제자들과 몰려다니는 인간도 아니올시다.

하늘이여 나의 기도를 들어 주소서.

나의 예배를 받아 주소서.

2024 0713 이웅. AD 2024 1118 이웅(수정)

도가의 이상향적 사고로 대자연과의 합일을 추구하는 문파가 있다.

거대한 자연의 청명함과 하나가 된다면

자신의 Ego 또한 맑아지리라….

TO 옴

신에 관하여.

우리는 일반 상식적으로 존재를 살필 때

인과율 안에 갇힌다.

인과율을 벗어난 존재는 상정하기가 어렵다.

그러나 신은 창조의 차원 바깥의 존재이기에

인과율에 속박되지 않는다.

원래 무엇이었는지는 모르겠다. 어땠는지도… 지금도.

옴

1) 비신론-신학방법론.

신이 아닌 것을 밝히면서 신을 찾아가다.

2) 창조역추론론-피조물을 보며 신을 찾아가는 신학방법론.

옴.

우리는 신을 파악함에 있어서 장님 코끼리 만지기를 한다. 판타직한 천국에 다녀온 이들은 신은 사랑이라 이야기한다.

그러나 신은 모든 것의 근원이다. 악의 기원이기도 하고 법의 근원이기도 하다.

우리는 신의 일면만 본 채로 신을 말할 뿐이다.

코란의 무소부재 구절은 훌륭한 구절이다.

"동도 서도 알라의 것. 어디에 가나 그는 계신다."라는 표현은 신의 무소부재를 설명하고 있다.

내가 생각하기에 모든 우주의 중심은 OM이다.

옴은 중심에 있으면서도 무소부재(Omnipresent)하시다.

그리고 신은 우주에서 가장 높은 존재라는 것이다.

우리는 신에 대한 환상을 가질 수 있다.

가난한 자를 돌보는 성자의 모습이라든지, 혹은 특정 형상이라든지.

나는 말할 수 없는데 신은 높은 분이라고 끝맺고 싶다.

이웅 2024 1112

Religion and the world.

Religion establishes a specific dogma, but it is only a local micro-phenomenon and does not encompass the whole.

If you look only at the small pinhole of religion, you may not be able to see the God who created everything.

Our religion is just a small 'fake' story like a small pinhole.

God encompasses everything.

Lee Woong 2024 1103

OM.

About the purpose of human beings.

We live for our own purposes in our environment.

However, in a macroscopic sense, the purpose of human creation

can be seen as being created 'for God'.

God seems to be observing things on earth.

(Or intervening invisibly.)

The tangled and tangled stories of the earth are replaced with worship toward God.

There is no need to go to a chapel.

In short, we live our lives, but everything is worship for God.

Lee Woong 2024 1103

Anita Murzani Lecture(2024 Lee Woong)

Indian woman has cancer.

In a near-death state, Anita goes out of body.

And experience great divinity.

Anita, who returned to her physical body, cure cancer three days later.

This is the 'fact' testified by Dr. Koh of the Hong Kong Medical University.

Anita is Indian and has little to do with Christianity.

Anita's case teaches us to destroy Christian dogma and

It tells us that the universe is wider.

It also tells us that rare miracles can occur.

Lee Woong 2024 1102

Complete Scriptures(2024)

There is no perfect "truth system" on earth.

Not only me, but also the Scriptures of the past, the Qur'an, and all the Buddhist scriptures.

We all have 'imperfection' as an attribute.

Even if we believe in God.

So our religion must develop,

The past should be a precedent,

It should not be "absolute scripture."

Woong 2024 0914

Ακίνητη κινητήρια μηχανή(floating prime mover)

It is Aristotle's metaphysical idea.

In other words, it is a power source that moves the world without moving.

It's a logical formula,

I assume a God outside the dimension of creation.

Spinoza said that God can never be defined.

He is the One who is not confined by our notions...

2024 0914 Lee Woong.

Infinite Cosmology(2024 Lee Woong)

The theory is that the number of universes is almost infinite.

It's a theory I made.

I have proved God's creation.

God didn't just make the earth. (Axiom)

Although more research is still needed, Divine Providence is a great way to connect with the infinite universe and

It taught me that there are countless higher dimensions.

2024 0910 Lee Woong.

Such a young man came to the demon Angri Mainyu. "You offered the prayers of the weak."

The young man asked. "The prayer of the weak?" Angri Mainho said, "Your prayers to God are because you are weak.

Every day, I beg God to save me, I ask God to forgive me.

It's because you're ugly.

If you were a strong man, you would not pray such a prayer." The young man said. "I can't wait to get out of hell. Living here is to die for.

May God save me soon."

Angri Mainho said. "When the time comes, you'll go out even if you don't want to··· Thou shalt not pray the prayers of the weak.

It is the prayer of the ugly creatures." The young man said. "Do you pray to God?" Angri Mainho said. "The devil doesn't mean you can't pray to God.

I will establish order.

He will command all from the top down with great strength.

That is my mission from Heaven.

Creating order in hell.

Defeating other demons with great strength.

That's what I'm going to do."

I don't ask God to accomplish my purposes.

"It's the prayer of the underdog. It is the prayer of the damned.

The true great free will is in its own power

It is the fulfillment of one's own will.

You are a weakling, a helpless and pitiful creature."

Lee woong(2024)

I, Angrimainho, say.

The Great Creator has placed good and evil.

By His great providence free will has been granted.

Creatures are helping to complete freedom.

You can be both good and evil.

Listen to the will of freedom, you who are trapped in the snare of goodness.

God has granted you all that you can think of, do, and do.

(Lee woong 2024 0905)
The stupid scientists these days

'believe' that the brain is 'human'. Haha

So they tend to interpret human consciousness

only in relation to the brain.

For example, a person named A saw a dead ghost.

The stupid scientists these days

interpret it as something that happened in the brain.

This stupid….

If you look at psychology textbooks, it says 'braincentered psychology'.

This is an incredibly primitive statement.

2024 0831 Woong

To Dr. Eben.

Long ago in our country, there was a man named Gung Ye.

He claimed to be 'Mitra' and was the monarch of a country.

He claimed to use magic to know the minds of people and practiced tyranny.

In the end, he was eliminated by a hero.

Just like Gung Ye, who claimed to be 'Mitra',

the Jesus is also a pseudo-religious leader who borrowed the Christ myth.

The Christ myth, who sacrificed himself for humanity, is actually a story that existed before Jesus.

Just as Gung Ye claimed to be Mitra, the Jesus also claimed to be Christ.

Lee woong 2024 0826

Om.

On the divine providence that transcends human free will.

At least he is infallible. Human free will from the perspective of infinity is also limited.

At least he seems to have guaranteed the rudimentary autonomous activity of consciousness at the time of creation.

I have many doubts about faith. Honestly, I don't know what providence is….

Woong 2024

On Human Ignorance(2024 Lee Woong)

Under the influence of pseudo-religions, humans believe in God when they see miracles.

Ironically, shouldn't we know that God is the one who created stable laws?

Miracles are exceptional phenomena that deviate from laws and are not common.

I call the one who established the stable natural laws of the three-dimensional Earth is God.

Prayers against Providence. (Theology)

In the above passage, we can see the laws that are set conditionally. These laws can be broadly expressed as providence, but God does not listen to prayers that go against providence. (It seems to be his principle.)

For example, he does not listen to prayers asking to turn back time.

Lee Woong 2024 0804

Om

A prayer that cannot be fulfilled. (Theology)

For example, if Carolina (a pure and angelic girl) were to say, “Please change Putin’s mind and make him a pacifist,” God would not listen in providence. I think he does not directly intervene in the consciousness itself.

Woong ae 2024 0803

OM

Revelation.

The flames of hell were so vast. I experienced literal destruction without any hope in the eternal time.

And I relied on a small flame.

And slowly fell asleep.

That was it. The flames spread and began to spin wildly.

Korean soldiers were summoned, and artillery fire was rampant.

And I committed suicide the next day. (Unconscious)

After I woke up, the Ukrainian War broke out.

(I, Lee Woong, swear before heaven that this testimony is true.)

2024 0803 Lee Woong.

Om

God, because of his vastness,

does not define or punish idolatry as a sin.

He is not jealous.

Lee Woong 2024 0802

TO OM.

Antitheism(Lee Woong)

It is a comprehensive idea that denies, opposes, or opposes God. On our Earth, we see complaints from small people who deny or criticize the existence of God. Epicurus is one of the famous antitheists. Darwin joined the ranks of antitheism after seeing the negative reality of the Earth.

At least, it is a delusion called belief that the universe returns to the perfect love of a perfect being.

We humans seem to have believed the conclusion of love too easily.

Anyway, antitheism will not be limited to our Earth. Beings of a slightly higher dimension will present other alternatives to God's providence. And the lower realm will be at the level of denying or criticizing God.

There may be beings (heroes) who oppose God forcefully. Christianity stigmatizes them as Satan, but in fact, beings who directly oppose God are heroes. (If they act under a special belief.)

It is thought that there will be many antitheists in the universe. We humans are accustomed to the slavish worship of calling God Lord, and our low-level religions also preach the slave doctrine that obedience is a virtue.

I believe that the path of our free will is wide.

Human Lee Woong 2024 0731

About faith.

We humans cannot catch God.

The idol that appears in our consciousness is the shadow of the God we believe in. (No matter how loving it may be.)

Therefore, in a way, faith is an act of holding on to a fictitious idol due to strong ignorance of the object.

However, I have proven the existence of God, and I have

also heard credible testimony.

If you ask what faith is, it seems to be a kind of trust in God.

Even if the world does not flow according to our standards of righteousness, and even if the universe is filled with unacceptable events and beings, the small trust of humans in God's incomprehensible providence is faith.

Lee Woong 2024 0731

(Objectively, the existence of Jesus is almost useless to aliens. It serves as evidence proving the ignorance of mankind.

Ignorance that humans believe in another human as God. The fact that he was executed is a sacrificial offering, and the original sin and salvation theory that go against common sense will be used as evidence of human ignorance by aliens who know this.)

Lee Woong 2024 0731

Om

Life Worship.

All human life is worship toward God.

It doesn't matter whether the life is clean or evil. 'All life' is included.

God created human consciousness and left it to his own discretion, then watched.

The above proposition leads to the conclusion that special religious acts are not mandatory.

To explain, humans live human lives, but to God who created them, it is at least a 'contemplative' thing, so life itself is worship.

Lee Woong 2024 0730

Purpose of Creation(Theology)

In theological purpose of creation, we conduct two investigations.

First, the purpose of creation intended by the Creator.

Second, the purpose of creation set by the subject of consciousness.

The purpose of creation that we know is the purpose set by the subject of consciousness by linking it with God, and it can be seen as not the true will of God.

It seems almost impossible to read God's thoughts.

For example, the reason that we are born to be loved is an imaginary purpose set by the consciousness of the creature by linking it with God.

From our perspective, where it is difficult to know the will of God's creation, free will and self-determination and expression are required.

Lee Woong 2024 0729

Apollo's Chariot. (2024 Lee Woong)

A boy admires the chariot pulled by the god Apollo.

So the boy asked Apollo to lend him his chariot.

Apollo kept telling him that it was dangerous, but he loved the boy,

so he lent him his chariot.

While driving the chariot, the boy turned the world into a ball of fire.

Apollo cries and stops the boy with lightning(kills him).

In the midst of the phenomenon of struggling to seize power,

in a political culture that only seeks to climb up,

if you actually drive Apollo's chariot, you will feel the difference.

There is no reason for a priest to act against providence based on human's theological opinion. (Because the meeting of a man and a woman is God's providence….) However, if you want to devote everything to God, being single is not bad. However, if God's universal revelation to our Earth is 'love', then marriage is recommended.

Lee Woong 2024 0727

God is

Providence did not determine only a complete one-to-one correspondence in the relationship between men and women.

That is why there is extramarital love and prostitution. And there are things like loving or breaking up with multiple people.

That is why men and women hate and miss each other.

Religious Islam and Jesus are male-centered delusions buried in simple formulaic logic and ignorance about God.

(For example, defining divorce as a sin or defining sexual relations with multiple people as a sin is a failure to read God's formula.

Creating God's standards and enforcing them based on human standards.)

We cannot help denying that this is an environment in which it is difficult to establish a one-to-one complete formula because the majority of men and women are exposed to multiple interactions due to providential aggregates.

What is also clear is that God did not providentially determine a perfect one-to-one function in human love for the earth.

Posted by Woong Lee(To the Creator) 2024 0727

옴

하느님 저는 이 세대를 위해서도 지만, 다음 세대 후대를 위해서도 이 책을 남깁니다. 신을 정말 진실히 염원하는 자가 이 책을 읽게 하소서.

이웅 올림 2024 1112.

OM

신의 이름에 관하여.

베다에서 신을 지칭하는 용어가 OM이었다.

그런데 앞에서 언급한 21c 이븐 알렉산더가 신을 지칭하는데 들었던 천국에서 들었던 용어가 OM이었다.

OM은 신의 이름 중 하나이다. 또한 태고의 진동으로 알려져 있다. 아마 모든 것의 어머니라는 뜻이 아닐까?

이웅 2024 1112

옴

지구상의 악의 주권에 관하여.

악마의 세력이 인간의 영혼에 보이지 않는 손길을 펼치고 있을 것 같다.

인간의 마음의 증오 각종 의식의 더러움은 악의 주권의 소행일 가능성이 크다.

나는 개인적으로 악마를 체험했는데 악은 까다롭고 기피 대상이다.

신의 이름을 사용해서 극복하려고 노력하고 있다.

2024 1112 이웅.

옴

천사와 악마들이 인간의 영혼을 데려가기 위해 기다리고 있다(우리를 지켜보며). AD 2024 1113

옴

사후 신성재판 사례도 있어 보입니다. 플라톤이 만났다는 에르는, 재판 경험을 들려주었습니다(영혼들의 재판소).

고대 이집트 《사자의 서》도 사자를 위한 변론서를 남겨 놓은 기억이 있습니다.

Maat(정의의 여신) 또한 상징적 의미의 사후 재판의 존재를 추론케 합니다.

모든 인간의 영혼이 재판받는 것은 아닐 테지만 적어도 신성재판에 속한 영혼이 있어 보입니다.

이웅 2024 1113.

옴

내가 지구에 남기고 싶은 말은 카르마(인연의 끈)는 질어서 우리는 사람들에게 잘해야 한다는 겁니다.

저는 지구에서 무례 무지 무정한 인간의 영혼들을 만났고 내면의 고통이 심했습니다.

우리는 한 번 보고 이별할 사이가 아닌지도 모릅니다.

그리고 한마디 남기고 싶습니다.

하느님을 믿는다면서 사람한테 못하면 안 됩니다.

예수도 사람의 중요성을 설파했고 동양에 인내천 이민위천이 남아 있습니다.

하느님을 믿는 자들은 마땅히 사람도 중시해야 합니다.

예수님의 인본주의는 아직도 유효합니다.

이웅 올림 ae 2024 1113.

옴

이븐 알렉산더의 책에 있는 사례인데 죽을 때 나타나는 사랑하는 사람들의 영혼의 존재가 보고되고 있습니다.

먼저 떠난 사랑하는 이들이 안식의 땅에서 우리를 기다리고 있습니다.

AD 2024 1113

옴

제가 하는 이야기가 모두 진실은 아닐 겁니다. 저도 오류가 있으니까요. 완벽한 경전은 지구상에 없습니다.

우리는 더욱 발전해야 합니다.

저를 뛰어넘는 종교 지성이 지구에 언젠가 올 겁니다.

이웅 2024 1113

이웅 남김 2024 1113 - 신과 인간의 만남을 위하여.

부연: 제가 자연을 살펴본 결과 끝을 알 수 없는 오묘한 지성의 개입이 확실시 되었습니다. 우연이 나타낼 수 없는 필연적 초지성의 손길은 신의 창조를 증명하고 있습니다.

AE 2024 1113 이웅 올림.

옴

코란의 비유.

지금도 중동 세계에서 코란은 절대 진리로 간주됩니다. 저는 이런 비유를 쓰고 싶어요.

우리가 화살로 전쟁하던 시기가 있고 총이 개발되어 총을 쓰고 하잖습니까?

그런데 낡은 화살로는 더 이상 우리 지구의 종교를 담당할 수 없습니다.

신께서 단순하게 믿는 자에게는 천국, 불신자에게는 지옥을 제시하신 게 아니라 이겁니다.

우리는 질투하는 신을 더 이상 찾지 않아도 될 겁니다.

우리는 믿지 않는다고 처벌하는 부당한 신을 더 이상 숭배하지 않아도 될 겁니다.

우리는 미지의 영역에 무한의 가능성을 사유해야 합니다.

이웅 올림 AE(at earth 2024 1113)

옴

우상숭배에 관하여.

유대교나 기독교는 우상숭배자를 처벌하고 우월성을 강조하는 종교적 내용이 포함되어 있습니다.

저는 확언할 수 있습니다. 신은 질투하는 분이 아니라고!!

우리는 신을 찾음에 있어서 각자의 영혼이 원하는 존재를 찾으면 됩니다. 그분(OM)을 부정할 수도 있습니다. 또한 개인적 신탁을 주는 deity를 찾을 수도 있습니다. 적어도 우리의 종교에 있어서 창조주를 가장한 야훼라는 우상만을 붙들 이유는 전혀 없습니다.

이웅 올림 AE 2024 1113

옴

하나의 교주가 절대계시를 독점하고 모든 인간을 복속시키려는 것은, 사이비 종교의 망령입니다.

신은 한 개인(예수나 모세)에게 절대 주권을 주지 않으셨습니다.

무한의 우주는 인간의 기존의 통치제도적 피라미드 관념을 넘어설 겁니다.

제가 말하고 싶은 것은 요한계시록(예수가 가진 주권론)은 허구이며, 지구는 오랜 미래를 준비하고 있다는 것입니다.

앞으로 점점 발달할 기술문명을 예비하며, 저는 정신적 문명의 발전을 꼭 예비하고 싶다는 말씀을 드립니다.

적어도 우리는 신께 예배함에 있어서 기존의 종교에 대한 재고가 필요할 것입니다.

이웅 2024 1113 (AD 2024 1118 이웅이 수정.)

옴

예수 비판.

예수는 자신만이 길이고 진리라는 사이비를 분명히 인류에게 심어 주었습니다(요한복음 참조).

신께서는 한 표현대리인(위장대리인)에게 모든 것을 넘겨주지 않았습니다.

저는 확신할 수 있습니다.

이웅 2024 1113

옴

남녀의 화합과 새 생명의 산출은 신의 섭리이자 자연의 섭리입니다.

우리네 종교 중에 성을 지극히 죄악시 하는 경우가 있는데 이는 신의 뜻에 역행하는 것입니다.

사제 또한 결혼 속에서 사랑과 우정을 배우는 게 좋을 것 같습니다.

정말 뜻이 있어서 금욕하는 경우를 말리지는 않습니다(부처님 case).

이웅 2024 1113

아니타 무르자니

(아니타 무르자니의 사례에 대해 조금 더 부연합니다.)

인도인이었던 이 여성은 기독교 문화권에서 자랐습니다.

그녀는 매일 하나님이 믿지 않으면 지옥에 보낼까 두려워했습니다.

그런데 설상가상으로 암에 걸립니다.

이 여자는 지구상의 거의 모든 치료법을 다 써 봅니다(아유르베다 한의학 서양의학).

그런데 결국 실려 간 곳은 홍콩의과대학 응급실이었습니다.

여기서 아니타는 임사체험을 하는데 유체이탈(영혼이 몸을 빠져 나가는) 경험을 합니다.

그리고 위대한 신성과 직면합니다.

그리고 몸에 돌아와 3일 만에 암세포가 전부 사멸합니다.

제가 면밀히 조사해 봤는데 홍콩의과대학 코 박사가 증언했습니다. (진실입니다.

만일 거짓이었으면, 아니타가 입원한 의과대학 측에서 반박했을 겁니다. 그런데 아니타의 책은 유명해졌고 의과대학 측도 사실임을 인정했습니다.)

원제는 《Dying to be Me》입니다.

아니타의 기적은 n of 1(예외적 특수 현상)으로 신성에 대한 증언을 포함하고 있습니다.

이웅 남김 2024 1109

(OM

그러나 아니타는 지나친 사랑 일원론으로 우주를 너무 단순화한 게 아닌가 싶습니다. 저와도 사후 세계에 관한 견해가 다릅니다.)

2024 1114.

d ws Ts rdf tad dtgr Ess rse. es gssR qxgse(Lee woong. 2024 1114)

더러운 지구(2024 이웅)

우리는 신을 믿으면서 고통과 악을 보며 불신합니다.

그러나 제 생각에 '지구적 차원'은 필연적으로 악과 고통에서 벗어날 수 없는 하나의 '섭리적 환경'을 지녔다는 것입니다.

그것이 지구와 인간을 창조하신 신의 뜻입니다.

우리는 100년 남짓한 이 세상에서 살다가 어디론가 떠날 겁니다.

우리 세상이 왜 이러냐고 묻는다면, 그만큼의 '우주적 위치'에 있다고 답할 것입니다.

올라갈수록 악과 고통 저속은 소멸할 것입니다.

반면 밑으로 갈수록 끔찍한 던전이 기다릴 것입니다.

죽음 이후에도 이어지는 사랑(2024 이웅)

현세의 인연의 법(카르마)은 죽음 이후에도 계속된다.

못다 한 사랑은 사후에도 지속된다.

카르마(인연의 법)는 짙고 깊다.

죽음 이후에도 이어지는 사랑을 의미한다.

이웅 씀 2024 1015

인류 최대의 미스터리(2024 이웅)

우리는 누구인가? 우리는 어디서 왔는가?

우리는 어디로 가는가?

이 질문에 나는 대답할 수 없다.

2024 1015 이웅 씀.

어둠의 경험(2024 이웅)

20살 초반일 때였다.

혼자 공부를 하며 살 때였는데

가깝게 지내던 사람들의 가벼움을 나는 알게 되었다.

어둠이 찾아들었다.

굳게 믿어 왔던 작은 것들이 사실은 가벼운 백지장 같은 관계였다는 것을 알았을 때

나와 남의 구분의 경계의 머나먼 거리는 좁혀질 수 없다는 것을 알았을 때

어둠은 나를 덮었다.

나의 영혼은 길을 찾아 헤맸고 나름의 집을 발견해 냈다.

어둠은 깊고 짙었다. 우리 세상에 사는 영혼들이 다들 겪고 있는 하나의 환경 아닐까 싶다.

혼자 존재할 수 없는 필연적 숙명 앞에서 나 역시 사랑을 찾아 헤맨다.

명상 속의 환상은 새로운 우주를 그린다(나만의).

2024 1015 이웅.

은하문명권(2024 이웅)

우리 3차원 내부에 우리우주에

우리 지구에 올 수 있는 은하문명권이 있습니다.

저는 3xloka-G라고 이름 붙였습니다.

이들의 비행기술로 유추하건대 인간보다 과학기술력이 월등히 앞섭니다.

유대인의 성서에 만물의 영장이었던 인간은, 동물보다는 지성이 높은 인간은

상대적 관점에서 외계인에 비교했을 때 기술적 측면에서도 원시인들일 뿐입니다.

(좌정관천 - 우물 속에 앉아서 하늘을 보다.)

위대한 실험(2024 이웅)

인간의 자유의지는

선과 악의 기로에 놓입니다.

우리는 지구라는 행성에서 누구나 선과 악의 갈등을 하게 됩니다.

그리고 선택을 하는데 '악'을 선택할 수도 있고 '선'을 선택할 수도 있습니다.

만약 우리가 사후의 찬란한 아름다움을 안다면 '선'을 선택할 것입니다.

경제적 동기의 선행은 가치가 낮습니다.

그렇기에 인간은 죽음이라는 미제 앞에서 무지의 안개 속에 지구란 행성에서 살아가는 것일 겁니다.

지구에서 좋은 선택을 하길 바랍니다.

이웅 씀 2024 1010

Dear God,

I come to You today with a heartfelt request for my book. Please bless it and allow it to touch the hearts and minds of many readers. May it find its way into the hands of those who need to read it, and may it inspire, uplift, and bring joy to their lives.

Help me to reach an audience that resonates with the message within the pages, and guide me to share my work effectively. I trust in Your support and wisdom as I pursue this dream.

Thank You for Your love and guidance.

4차원(2024 이웅)

우리 중에 4차원을 그릴 수 있는 사람은 지금까지 없다.

우리는 3차원으로 세상을 본다.

그러나 차원을 높이면 4차원은 존재한다.

4차원은 우리의 시공간과 다른 패러다임을 가지는 세상이다.

우리는 3차원 물질계에 속해 있다면

4차원 이상은 상상할 수 없다.

그러나 텔레포트(공간이동), 텔레파시(생각의 비언어적 전달) 등을

생각해 볼 수 있다.

이웅 2024 1003 (AD 2024 1118 이웅이 수정)

이븐 박사의 천국 체험(2024 웅)

뇌사상태에서 초현실을 체험한 이븐 박사는

천사를 목격했는데

우리보다 '진보된' 더 '고차원'의 존재들이었다고 한다.

(이들은 인간이 아니었다.)

또한 그는 무수히 많은 우주에 무수히 많은 생명을 보았다고 증언했다.

사실상 무한우주론이 맞고,

신께서 우리 인간만을 지구에 내시지 않았다.

무수히 많은 우주 무수히 많은 고차원 무수히 많은 '진보된'생명체들이 존재한다.

(우리는 지구에만 국한된 관점을 넓힐 필요가 있습니다. 신학을 함에 있어서도 외계의 존재를 염두에 두어야 합니다. 단순한 천국, 지옥, 지구라는 3세계론은 엄청나게 단순한 세계관입니다. 신의 창조는 더 다양하며 사실상 무한의 우주를 증언하고 있습니다.)

2024 이웅 남김. (AD 2024 1118 이웅이 수정.)

TO OM.

(이하는 AI의 브루노에 대한 설명입니다. 브루노는 중세 시대 사람인데 화형당했습니다. 그의 주장은 저의 생각에 있어서 아주 사실과 부합한다고 생각해서 computer가 조사한 문장을 남겨 놓습니다. 이웅 2024 1114)

조르다노 브루노의 우주론에 대한 주요 주장이나 개념의 요약을 바탕으로 한 한국어 번역을 아래에 제공합니다:

주요 주제와 개념

무한한 우주: 브루노는 우주가 무한하며 무수한 세계를 포함한다고 주장합니다. 지구를 중심으로 하는 전통적인 유한 우주 관점과는 달리, 그는 우주가 경계가 없다고 말합니다.

다양한 세계의 존재: 그는 밤하늘에 보이는 별들이 사실 우리 태양과 유사한 별들이며, 그들 각자가 생명을 가질 가능성이 있는 자신의 행성을 지닐 수 있다고 제안합니다. 이러한 다세계론은 인간 중심의 존재 관점을 도전합니다.

자연의 통일성: 브루노는 우주와 신성 사이의 통일성을 강조하며, 자연은 신의 표현이며 우주의 모든 부분이 서로 연결되어 있다고 주장합니다.

우주적 공감: 그는 모든 존재 간에 “공감”이 존재한다고 소개하며, 이는 존재하는 모든 것의 공유된 본질이나 연결성을 의미합니다.

아리스토텔레스적 한계의 거부: 브루노는 우주를 유한한 크기로 제한하는 아리스토텔레스적 세계관을 비판합니다. 그는 우리의 우주 이해는 구식 철학적 교리에 의존하기보다 추론과 관찰에 의해 이끌려야 한다고 주장합니다.

철학적 합리주의: 그는 진정한 우주의 본질을 이해하기 위한 수단으로서 이성과 철학의 사용을 촉진하며, 종교적 교리를 넘어서는 탐구 방법을 주장합니다.

예시 문장(의역)
”우주는 경계가 없고 제한이 없으며, 태양과 유사한 무수한 별들이 존재하여 각 별은 생명체가 존재할 수 있는 자신의 세계를 지닐 수 있다. 따라서 우리는 모든 것의 중심이 아니라 무한히 더 큰 시스템의 한 부분일 뿐이며, 존재의 본질로 서로 연결되어 있다.”

브루노의 우주론은 그의 시대에서 혁신적인 사고를 요구했으며, 그는 나중에 과학 혁명과 현대 철학의 발전에 중요한 기여를 했습니다. 그의 저서는 그가 당한 종교 재판과 처형 이후 오랜 시간 동안 잊혔지만, 현대에 와서 다시 주목받고 있습니다.

Lee woong 2024 0927

옴

옴이 그리는 알 수 없는 우주의 대서사시.

그는 '신'이기에 그만의 광대한 그림을 그리지 않을까?

지구에서 이웅 올림 ae 2024 0927

진화론 - 돌연변이 가설의 오류(2024 이웅)

돌연변이를 통해 진화했다는 현대의 진화론은

거짓 학설입니다.

인체의 유전 구조는 정합성을 가지고 있고,

돌연변이는 '장애'로 발현됩니다.

대표적으로 다운증후군은 염색체 이상으로 생기는 장애입니다.

그러니 돌연변이를 통해 다른 종으로 변이하는 것은 지구 내 보편 자연현상상 불가하고,

설령 다른 종으로 변이했다고 해도, 그 예외적 현상에 있어서

변이한 신생 종은 누구랑 수정을 해서 자손을 남깁니까?

자연 상태 돌연변이 확률은 극히 낮은 데다가 장애로 발현된다는 것을 보면

현대 진화론이 주장하는 돌연변이 진화는 거짓으로 귀착됩니다.

이웅 씀 2024 0917(AD 2024 1118 이웅이 수정)

신과 종교를 연구함에 있어서,

혹은 숭배함에 있어서

약간의 주의를 요하는 것은,

신은 워낙 '스케일'이 커서,

인간이 착오에 빠질 수도 있습니다.

예컨대 ‘망상적 자아’를 유발할 확률도 있습니다.

예컨대 자신이 그리스도라거나 하는….

많은 사이비 교주들이 망가졌던 길을 저는 봐 왔던 것이죠.

또한 사람들이 그들을 어떻게 숭배했는지도 알고 있습니다.

우리는 ‘인간’입니다.

잘못된 길을 가서는 안 되겠죠…. (예컨대 인간에게 숭배받으려 한다거나.)

우리는 자아를 인식함에 있어서 있는 그대로를 자아로 받아들여야 할 것 같습니다.

’과대’나 ‘과소’ 없는 자아 그대로를요… 솔직히….

이웅 2024 0916.

데카르트 이야기

데카르트는 합리적 성찰을 통한 진리 탐구를 주장했다고 알려졌습니다.

그의 견해는 우리가 '사실'이라고 믿는 것들이

사실은 '거짓'일 수 있다는 의문을 제시합니다.

그동안 사실이라고 믿어 왔던 '진화론'

'빅뱅이론' 등등 말이죠.

데카르트는 합리적 의심을 통한 '성찰'을 제시합니다.

우리가 사회에서 그리고 국가에서 교육받아 온 것들이

사실은 누군가에 의해 유발된 거짓일 수 있다는 것을

진실이라 믿어 온 오류 속에 있을 수 있다는 것을

철학자 데카르트는 가르쳐 줍니다.

우리는 어느 정도 지적 수준에 이르면,

기존에 배워 왔던 것들에 대한 '점검' 단계가 필요한 것입니다.

2024 0915 이웅 남김

(지금은 힌두교로 전래되는 브라만교 철학은 우주의 섭리를 잘 설명해 주고 있다고 생각합니다.

AI가 정리한 짧은 문서를 남깁니다. 참고하십시오.)

윤회(생과 사의 순환):

브라만교에서 가장 핵심적인 개념 중 하나는 윤회입니다. 인간은 육체와 영혼을 가지고 있으며, 죽음 이후 영혼은 새로운 육체로 다시 태어난다고 믿습니다. 이 과정은 '삼사라(Samsara)'로 불립니다.
윤회는 영혼의 karma(업)라는 행위에 따라 다음 생에서의 존재 형태와 환경을 결정짓습니다.

업(karma):

업은 인간의 의식적인 행동이나 의도에 따라 쌓이는 존재의 에너지를 나타내며, 그 결과가 사후세계나 재생에 영향을 미친다고 봅니다. 선한 업은 좋은 환생을, 악한 업은 나쁜 환생을 초래합니다.

모크샤(Moksha):

모크샤는 브라만교에서 궁극적인 목표로, 윤회의 순환에서 벗어나 영혼이 해방되는 상태입니다. 이는 참된 자아(아트만)와 궁극적 실재(브라흐만)의 합일을 의미합니다.

모크샤를 이룩하기 위해서는 지식, 명상, 도덕적 실천 등이 필요하다고 가르칩니다.

사후 세계:

사후 세계에 대한 명확한 묘사는 브라만경(Smrti) 등에 나타나지만, 일반적으로 죽음 이후 영혼은 다양한 차원에서 존재하며, 선한 삶을 살았다면 더 높은 차원으로 갔다고 믿어집니다.

여러 경전에서는 '스바르가(스와르가)'라고 불리는 천상의 세계와 '나르카'라는 지옥의 개념을 설명합니다. 스바르가는 좋은 업을 쌓은 자들이 가는 기쁨의 세계이고, 나르카는 악행의 대가를 치르는 곳입니다.

AE 2024 1114 이웅.

옴

떠난 자는 말이 없네.

아무리 불러 봐도 대답 없네.

그는 삶과 죽음을 나누셨더라….

알 수 없는 미로 길. 하늘만 의지하네.

바람처럼 머물고 떠나고파.

작은 인간은 신을 사랑한다오.

이웅.

완전한 경전(2024)

지구상에 완전한 '진리 체계'는 존재하지 않습니다.

저뿐 아니라, 과거의 성경, 코란 불경 모두 마찬가지입니다.

우리는 모두 '불완전성'을 속성으로 하고 있습니다.

우리가 신을 믿는다고 해도 말입니다.

그러니 우리의 종교는 발전해야 하며,

과거는 하나의 선례가 되어야 하지,

'절대적 경전'이 되어서는 안 됩니다.

웅 2024 0914

Ακίνητη κινητήρια μηχανή(부동의 원동자)

아리스토텔레스의 형이상학적 관념입니다.

즉 움직이지 않으면서 세상을 움직이는 동력원이라는

논리 공식인데,

저는 창조의 차원 바깥에 계신 신을 상정합니다.

스피노자는 신을 절대로 정의(definition)할 수 없다고 했습니다.

그분은 우리의 관념에 갇히지 않는 분….

2024 0914 이웅.

윤회의 업(이웅 2024)

종교를 떠나서 '과학적' 분석으로,

전생을 기억해 내는 사람들이 있습니다.

자세한 기록은 생략합니다.

논리상 '전생'이 있으면, 우리는 기억이 지워진 채

지금 지구의 정체성에 사는 존재들입니다.

또한 논리는 '후생'을 기약합니다.

고대 인도의 기도문에 윤회에서 자유롭고자 한 수행자들의 기도문이 남아 있습니다.

저는 많은 사람들이 하계(지구)를 계속 윤회한다고 정리했습니다.

구원이란 교주를 믿는다고 그냥 주어지는 게 아닙니다.

저도 정확한 구원의 방법은 모르지만,

세속에 살면서 깨끗하게 살려고 노력하고 있습니다….

2024 이웅 씀.

TO OM.

God is infinitely powerful. He is strong beyond imagination. Evil seems quite strong, but the Creator is strong beyond evil.

Also, he is omnipotent. He can achieve anything he wants.

Lee woong 2024

자연법칙과 초능력에 관하여(2024 이웅)

일반 물리법칙은 거부할 수 없는 신의 명령 같다.

예컨대 지구의 궤도를 바꾸거나 하는 일들은….

만화 〈드래곤볼〉에서는 굴드라는 초능력자가 나오는데

시간을 순간적으로 멈추게 할 수 있는 능력이 있다.

대세적 law도 절대 불변은 아니라고 생각하지만, 인간의 능력을 벗어난 차원이고

국소적으로 물리법칙을 초월하는 능력을 가진 우주인이 있을 것으로 사료된다(초능력자).

섭리역행기도(신학론)

위의 글에서 우리는 조건적으로 설정된 법칙들을 알 수 있습니다. 이런 법칙은 넓게는 섭리라고 표현해도 되는데, 신은 섭리에 역행하는 기도를 듣지 않으실 겁니다. (그의 원칙 같기도 합니다.)

예컨대, 시간을 과거로 돌려 달라는 기도는 듣지 않으실 것 같습니다. 그리고 기도가 타인의 환경까지 영향 끼친다면 더더욱 말입니다.

이웅 2024 1114

(AD 2024 1118 언제나 예외는 있습니다.)

옴

악의 강세의 섭리.

신은 동화 속 세상만을 창조하지 않으셨다.

그는 악에게 공포와 힘을 부여하셨다.

신의 섭리적 세상 속에 우리가 있다. 적어도 그는 동화 속 세상을 현실로 구현하지 않으셨다.

이웅 올림 ae 2024 0803

옴

악 연구.

1) 신은 악의 근원을 창조하셨다.

2) 악의 근원은 여러 우주에 영향을 끼치고 있다.

3) 사랑이 악의 근원을 이긴다는 대예언이 있었다.

이웅 올림 ae 2024 0803

옴

이븐 알렉산더가 만난 신(OM)에 관하여.

적어도 그(이븐 알렉산더)는 진실된 체험을 했다. 그(이븐 알렉산더)의 선한 눈은 그의 증언이 진실임을 우리에게 말해 준다.

그 존재는, 상당히 '친절'했다.

알기가 어렵다…. 역시 인간이 신을 포착하는 것은 무리였던가….

이븐 알렉산더가 말한 사랑은 그의 일부라고 보인다. 적어도 우리 세상이 실존하는 세상이라면,

이븐 알렉산더가 말한 사랑의 하느님은 그의 일부일 것이다.

그는 알기 어렵다. 알아보려 한다.

이웅 2024 0803

옴

신은 그의 넓음으로 말미암아,

우상숭배를 죄로 규정하거나 벌하지 않는다.

질투하지도 않는다.

이웅 2024 0802

옴

(조건 없는 사랑.)

우리 종교는 '기복신앙'과 관련이 있습니다. 신을 믿으면 '복을 많이 받고', '보호받고' 하는 특권적 종교가 주를 이룹니다.

저는 신에 대한 조건 없는 사랑이 가장 아름답다고 생각합니다.

이웅 올림 ae 2024 0802

옴

타인의 신을 향한 믿음(사랑과 질투)

전에 저는 도그마에 잡혀서 신을 전하려 했습니다. 인간이 신을 진실되게 믿는다면 유익이라는 공익적 결론으로 행동은 실행되었습니다.

(그러나 우리가 종교의 도구가 되어서는 안 됩니다. 인간은 순수한 자유의사의 발현으로 살아야 합니다.)

옴

한편으로는 누군가가 신을 열심히 믿으면 견제심리와 질투가 나타날 수 있다는 인간의 보편적 심성을 말해 줍니다. 종교 집단 내부에서 인정받거나 선도하고 싶지는 않습니다.

2024 1114 이웅 올림.

옴

기독교 경전, 요한1서의 "하나님은 사랑이시라." 이 구절 틀린 진술 같습니다. 적어도 신이 완전한 사랑만으로 이루어진 분은 아니라고 생각합니다.

2024 이웅.

(성서에의 의지에 대한 견해.

제가 20대 때 성서의 좋은 구절들을 의지했던 기억이 납니다. 그러나 어둠은 가시지 않았고 일종의 정신적 합리화에 가까웠던 기억을 남겨 놓습니다.

2024 1114 이웅.)

TO OM.

반신론(이웅)

신을 부정하거나 반대하거나 대적하는 사상들을 통칭합니다. 우리 지구에서는 신의 존재를 부정하거나 혹은 비난하는 작은 사람들의 불평이 보입니다. 에피쿠로스는 유명한 반신론자 중 한 명입니다. 다윈은 부정적 지구 현실을 보고 반신론의 대열에 가담했습니다.

적어도 우주가 전선한 존재의 완전한 사랑 속에 돌아간다는 것은 믿음이라는 망상입니다.

우리 인간은 너무도 쉽게 사랑의 결론을 믿어 버린 듯합니다.

아무튼 반신론은 우리 지구에만 있지 않을 것입니다. 조금 더 고차원적 존재들은 신의 섭리에 대한 다른 대안을 제시할 것입니다. 그리고 저급한 영역은 신을 부정하거나 비난하는 수준일 것입니다.

무력적으로 신께 대항하는 존재(영웅)들이 있을지 모르겠습니다. 기독교는 그들을 사탄이라는 오명을 붙이지만 사실 신에게 직접적으로 대항하는 존재는 영웅입니다(특별한 신념하에서 행동한다면).

우주에 많은 반신론이 있을 것으로 사료됩니다. 우리 인간은 어떻게 보면 신을 주님이라고 부르는 노예적 숭배에 익숙해져 있고, 우리의 저급한 종교도 순종이 미덕이라는 노예론을 설파합니다.

우리의 자유의지의 길이 넓다고 믿습니다.

인간 이웅 2024

TO OM.

예수에 관한 사견을 바침.

(Objectively, the existence of Jesus is almost useless

to aliens. It serves as evidence proving the ignorance of mankind.

Ignorance that humans believe in another human as God. The fact that he was executed is a sacrificial offering, and the original sin and salvation theory that go against common sense will be used as evidence of human ignorance by aliens who know this.)

Lee Woong 2024 0731

TO OM.

설교문을 바침.

믿음에 관하여.

우리 인간은 신을 캐치할 수 없습니다.

우리의 의식에서 나타나는 우상이 우리가 믿는 신의 그림자입니다. (그것이 아무리 사랑을 주는 존재라도.)

(인간의 경우는 다정한 존재의 우상을 만들어서 신에게 대입시키

는 愚를 범하는 경우가 많습니다. 주석 21024 1114)

그렇기에 어떻게 보면 대상에 대한 강력한 무지로 믿음은 허구의 우상을 잡는 행위입니다.

그러나 저는 신의 존재를 증명했고, 또한 신빙성 있는 증언도 들었습니다.

“믿음이란 무엇인가?”라고 묻는다면 일종의 신에 대한 신뢰 같습니다.

우리가 옳다는 잣대로 세상이 흘러가지 않는다 하더라도, 심지어 도저히 용납 못 할 사건과 존재들이 우주에 넘쳐도 신의 알 수 없는 섭리에 대한 인간의 작은 신뢰가 바로 믿음일 것입니다.

이웅 2024 0731

옴

예수.

하자가 너무 중대합니다. (특히 요한복음에서 제시한 유일한 길 독점 구절은 도저히 받아들일 수 없습니다. one way라는 것.) 그리고 나름의 법을 제시했으나 믿음만을 중시한 것은 종교적 망상을 불어넣고 인간을 무익한 기대에 던져 넣는 만행입니다.

2024 1114 이웅 올림.

옴

이신론에 관하여.

1) 신의 직접 명시 개입은 지구에서 거의 없다고 봐도 무방하다.

2) invisilbe providence(섭리적 보이지 않는 개입)는 있다고 본다.

3) 2번의 명제로 기도는 무용하지 않다.

이웅 올림 20224 0730

(주석: 앞에서 언급했지만 이신론은 신께서 창조하시고 전혀 개입하지 않는다는 신학설입니다.)

Om

Life Worship.

All human life is worship toward God.

It doesn't matter whether the life is clean or evil. 'All life' is included.

God created human consciousness and left it to his own discretion, then watched.

The above proposition leads to the conclusion that special religious acts are not mandatory.

To explain, humans live human lives, but to God who created them, it is at least a 'contemplative' thing, so life itself is worship.

Lee Woong 2024 0730

(저는 그렇게 생각합니다. 우리의 존재의 근원에게 있어서 우리가 의무적 예배에 구속되지 않는다 하더라도 자신의 삶을 열심히 산다

면 그것이 예배라는 이야기입니다. 이웅 AE 2024 1114)

옴

지구적 차원의 모든 지성이 부정당했다.

옴

종교는 철저히 하늘을 가리고 왜곡시켰다.

2024 이웅 올림.

TO OM.

창조 목적(신학)

신학적 창조 목적에 있어서 우리는 두 가지의 탐구를 행한다.

첫째는 창조주가 의도한 피조물의 피조 목적.

둘째는 피의식 주체가 스스로 설정한 피조 목적.

우리가 아는 피조목적은 피의식 주체가 스스로 신과 연계 지어서 설정한 목적으로 진정한 신의 뜻은 아니라고 볼 수 있다.

신의 생각을 읽는 것은 거의 불가능에 가까워 보인다.

예컨대 사랑받기 위해 태어났거나 하는 따위의 이유는 피조물의 의식이 스스로 신과 엮어서 설정한 가상의 목적이다.

신의 창조의 뜻을 알기 어려운 우리의 관점에서 자유의지적 스스로의 결정과 발현이 요구되고 있다.

이웅 2024 0729

Why God Does Not Appear on Earth 2024 Lee Woong(Theology)

If humans confirm the existence of God or encounter Him directly, they will make unreasonable demands

and express things that are not beautiful.

God knows this, so he does not appear on Earth directly. (Lee Woong's Interpretation 2024)

Heaven Research - The souls there are a little more noble and are closer to God than here.

외면

왜 이 세상에는 범죄 질병 등등 dirty한 것들이 있는가?

제게 묻는다면, 저의 최선의 대답은

우리 지구가 그런 시스템으로 설계되었기 때문입니다.

우리 지구에는 고통과 분열, 질병 등등이 있을 겁니다.

사람들이 모두 천사는 아닌 것은 우리가 아는 진실 중 하나입니다.

사람들은 희, 노, 애, 락, 오, 욕, 애 속에서 살아갈 겁니다.

우리는 지구에 잠시 온 방문객이라는 것을 알면,

그리고 신의 섭리상 그의 알 수 없는 신비적 목적상

지구의 dirty한 현실이 있는 것을 알면 그리 걱정할 것도 없습니다.

인간의 자유의지는 근원을 향한 열망은 그의(그녀의) 영혼을 천상으로 인도할 것입니다.

이웅 남김 2024 0727

현대 과학의 맹점에 관하여(2024)

우리의 상식 밖을 벗어나는 현상에 있어서

과학자라는 인간들은 좁은 잣대로 재단합니다.

그들은 그들의 좁은 세계관이 전부라고 낙인찍은 불쌍한 영혼들입니다.

예컨대 측정이 불가한 영역은 없는 겁니까?

그럼 원소는 인간이 모를 때는 존재하지 않았다가 인간이 알게 된 후로 존재하게 된 것입니까?

아닙니다. 원소는 원래 존재했었습니다.

인간이 측정 못 하면 그것의 실체는 모두 부정되어야 합니까?

눈에 보이는 것, 확인 가능한 것만 실존하지 않습니다.

불행한 21c 인류 과학은 합리라는 미명하에 간단한 법칙 등을 나열하며

사람들의 눈과 귀를 막는 사이비 전문가 역할을 하고 있습니다.

과학 사조를 너무 신뢰하지 마십시오.

맹인에게 길을 묻는 것과 비슷하니까요.

(적어도 신학에서 측정 가능한 것을 요구한다면 실패할 겁니다.)

이웅 남김 2024

신 앞에 선 단독자(2024 웅)

전에 교주의 모임에 많은 사람들이 가서

'돈'을 내고 축복 같은 것을 받는 것을 보았다.

나는 키르케고르의 신 앞에선 단독자를 남겨 놓는다.

신께서는 전지하시기에, 누가 기도하든 알고 계신다.

우리 세상에서 중개체 범죄가 상당히 만연하다.

신은 거지가 기도하면 듣지 않고, 예수가 기도하면 듣는가?

아니다.

신 앞에 모든 인간은 평등하다고 생각한다.

만약 사제가 필요하다면, 다른 사람들을 돕고 보살피는 데에 있지

'중개자'가 되서, 성도들을 착취하는 역할은 분명 아닐 것이다.

우리 인간사회의 대다수의 종교가 '중개범죄'에 씌워 있다.

구체적 사례는 생략하지만 예수는 자신 외에는 길이 없다는 망언은

전형적인 종교사기범죄자들의 수법이다.

키르케고르의 신 앞에 선 단독자를 기억하라.

이웅 2024

죽음 강의(2024 이웅)

GREETOR(맞이하는 자)라는 뜻이다.

죽음을 연구한 정신과 의사 퀴블러 로스는

만 건 이상의 죽음을 연구했다.

사람들은 죽을 때 ‘빛’을 본다고 한다.

일종의 영혼이자(그리터)인데,

죽은 이들을 이 빛들이 데려간다고 한다.

그 뒤에 어디 갔는지는 확실하지 않다.

단지 브레인미디어로 해석할 수 없는

영혼의 신비는 우리에게 죽음 시 누군가를 만난다는 것을 암시한다.

2024 1106 이웅 남김.

표현대리 강의.

법률에서 대리권 없이 대리인 행세를 하는 것을 표현대리라고 합니다.

종교에서도 마찬가지로 표현대리가 횡행합니다.

신이 권위를 주었다고 거짓말을 하고 다니며, 혹세무민하는 사람들이 지구에 많습니다.

대표적으로 예수가 있습니다(참칭 사기꾼).

신은 직접적으로 권위를 주진 않는 것 같습니다.

이웅 2024 1103

옴

종교적 의무나 율례는 인간을 구속합니다.

가뜩이나 추구해도 못 즐길 이 인생에

신에 대한 구속은 어리석은 망동입니다.

(신약성서는 인간의 영혼을 속박하고 있습니다.)

진정한 종교는 인간의 모든 활동이 신을 향한 하나의 예배라는

(그것이 의식적이든 무의도적이든)

신학 관념을 정립합니다.

이웅 2024 1103

종교와 세상.

종교는 특정 도그마를 설립하지만 국소적 미세현상일 뿐 전체를 포섭하지는 못합니다.

종교란 작은 바늘구멍만 보면 사실 전부를 창조하신 신을 보지 못할 수도 있습니다.

우리네 종교는 작은 바늘구멍 같은 작은 '위조된' 스토리일 뿐입니다.

신은 전부를 포섭합니다.

이웅 2024 1103

OM

Omnipotent의 신학적 의미

문자 그대로 '전능하다'를 내포합니다.

즉 '모든 게 가능하다'라는 뜻으로 해석됩니다.

d tdd qe wdr gd wtt. qe wq wq… edt Rfrr tdsR… e dt txegr tdsR… w wtd wz gd wtt. d wq wq wq wq.

아무튼 지구의 지성들이

요상한 진화론이니 기독교니

하는 것에 헤매는 게 안타깝긴 합니다.

사실 지구의 지성들(리더들)이 중요한 역할을 하는데

우리는 사이비에 놀아난 봉산탈춤을 추고 있었던 것이죠.

사람들은 권위를 신뢰하고 살고 있습니다.

윗사람이 말하면 그대로 듣고 따르는 사람들이 대다수입니다.

지구의 지성들은 반성을 좀 해야 합니다.

아무튼 21c에 우리가 2가지 산을 넘어야 진리로 향할 수 있다는 것을 알아 두세요.

박테리아에서 극소 확률로 나타나는 돌연변이로 정교한 인체가 생성되었는지

신이 무한의 우주에 지구만 덩그러니 만드시고, 예수 믿으면 천국 아니면 지옥이라는 잡설을 논했는지는

스스로 판단하십시오.

2024 1025 이웅 남김

영혼 사냥꾼(2024 이웅)

예수는 믿기만 하면 다 된다고 사이비를 퍼트렸습니다.

예수를 믿는다고 행성 궤도를 돌릴 수 없습니다.

그는 미끼를 던진 낚시꾼입니다.

인간을 현혹해서 영혼의 노예로 만드는 생각보다 사악한 종교입니다.

그들은 거짓을 진실이라 믿으며 요상한 거짓을 '믿음'이라는 방어기제로 붙들고 사는 종교입니다.

치유니 복이니 하는 거짓말은 인간의 욕심을 자극하여

지푸라기를 잡는 헛된 망령일 뿐입니다.

사후 보험을 들어 놨는데 보험사가 거대한 사기극을 펼쳤다고 보면 됩니다.

보험을 '믿은 채로' 제멋대로 살면서 면죄부를 믿다가 하강해야 하는 어두운 종교입니다.

부처 강의(2024 이웅)

자본주의 시대가 되고 소유에 대한 열망이

남한에도 많습니다.

그러나 나누는 삶, 베푸는 삶을 잊어버린 사람들은

어둠을 배회합니다.

욕심은 아름답지 않습니다.

마음을 비우고 넉넉히 사는 삶

아름답다고 생각합니다.

삭발하고 수수한 승복을 걸친 이들은

부처의 상징입니다.

(AD 2024 1118 이웅이 수정.)

경제학의 무효화(2024 이웅)

아마 우리는 못 보고 떠날 겁니다.

결국 경제란 희소된 자원을 놓고

서로 가지려고 하는 그런 Game입니다.

풍요의 땅에는 경제학이 무효화됩니다.

우리가 들었던 사회주의니 자본주의니 하는 것도

모두 백지로 되돌립니다.

우리는 한정된 세상 속에서 살아서 아마 못 보고 죽을 겁니다.

즉 제 말의 취지는 차원을 높이면 이 땅의 것들이 무효화된다는 것이죠.

(우리는 뭘 위해 살았는가 되물을 정도로, 허탈할 수도 있습니다.)

웜홀 강의(2024 이웅)

웜홀이란 다른 차원으로 이동하는 관문입니다.

우리 우주 내에 분명 존재한다고 봅니다.

지금 우리는 '행성문명권'이거든요

행성을 못 벗어나는….

웜홀은 우리 우주 내에 탐사 대상입니다.

지금은 이론으로 접하지만 언젠가 내 말이 사실임을 확인할 때가 올 겁니다.

무학대사(2024 이웅)

이성계를 보필했던 스님 이름이 무학대사이다.

한문으로 풀이하면 '학문이 없는 승려'라는 뜻이다.

조선은 숭유억불 정책을 썼는데

이성계는 불교에 우호적이었다.

모든 짐을 내려놓고 절에서 쉬고 싶기도 하다.

중력보다 강하게 세상은 나를 당긴다.

후배들에게 3(2024 웅)

사회적 성공을 한 후에

공부 그만하고 사는 분들 많은데,

道(길 도)에 있어서 끝은 없음.

수학에서 극한값은 무한으로 향하지?

어느 길이나 극한이 있기에,

끝은 없음.

사회적 성공하고 떵떵대며 살아가는 자에게는 더 이상 발전은 멈췄다는 것….

이웅 2024 1013

후배들에게 4 - 헤겔의 변증법.

전에 한번 말한 것 같은데

일단 테제가 성립되면, 다들 거기에 맞춰서 따라가거든?

그런데 테제가 오류가 있다 이거지.

(예수도 부처도 나도.)

그러면 안티테제(새로운 진보의 바람)가 나타나서 대립하게 됨.

그리고 변증법적 발전으로 나아감.

사람들은 테제에서 벗어나면 이단이라고 몰아붙이고 공격하는 습성이 있다는 것을 알아 두셈.

(예컨대 갈릴레이의 지동설)

오류와 불완전한 교조적 진리는 부서지게 되어 있다고 보면 됨.

(교황은 오류가 없다. 이런 사고는 아니라 이거지.)

대법원 판결입니다. (진리입니다.) 성경 말씀입니다.

이러고 다니는 건, 불쌍한 아류가 된다 이거삼.

우리 시대에 통용되는 화폐가 만국에 통용되는 건 아니라는 것을 알아 두셈.

이웅 2024 1013

부처의 유언(2024 이웅)

부처는 법을 등불로 삼으라고 했습니다.

여기서 법은 우리가 만든 법이 아니라,

우리의 체계를 초월하는 신성한 다르마를 가리킵니다.

2024 1013 이웅 씀.

신은 우리가 죽을 때까지 연구해도 모를 자연 섭리를 만드셨습니다.

일종의 ‘자연 질서’라고 보면 됩니다.

기적이라는 것은 그것을 역행하게 해 달라는 요청인데, 듣지 않으십니다.

있다 해도 매우 희귀한 사례입니다.

우리는 자연 질서를 보며 신의 섭리를 봐야지

신의 법칙의 예외 사례(기적)를 보며 신을 믿으려고 하면 안 됩니다.

이웅 2024(AD 2024 1118에 수정)

신은 알 수 없는 무한의 분이기에 믿는다는 말은 성립 안 됩니다. 그분은 무한의 차원입니다. 저도 모릅니다. 그분이 누군지…. 그런데 신께 ‘의지’하는 것은 백만 대군보다 낫다고 저는 감히 말합니다.

우리 세상에서는 질 낮고 때로는 악랄하기까지 한 것들을 보잖아요. 그건 신의 섭리입니다. 우리 세상의 창조 섭리가 그렇게 설정된 것입니다. 여기서 바른길을 걷는다면 영혼은 죽음의 통로로 상승할 것이고, 악에 물든다면 하강할 것입니다. 우리 세상은 그걸 모르고 지구적 쾌감을 위해 악과 불의를 많이 걷습니다. 천상의 영혼의 길을 걸어야 합니다. 날카로운 통찰로 지구를 보면서 목표는 천상을 향해야 합니다.

(이웅 2024 1114)

명상에 대해 조금 가르쳐 줄게.

외부와의 접촉을 차단하고

자신의 의식의 흐름 안에서 길을 찾는 방법이야.

'선종'이라고도 해.

정해진 형식은 없고 자신의 의식 안에서 활동하는

자신만의 영역을 명상이라고 함.

이웅 2024 1114

조로아스터교(2024 이웅)

조로아스터는 사제의 아들이었는데

신에 대해 궁금해해서

10년간 산에서 기도함.

계시가 없자 포기하고 하산하려던 찰나

6대 천사로부터 계시를 받았다고 함.

6대 천사는 진리, 정의, 생명 등등을 상징함.

조로아스터는 사람들에게 말했는데

미치광이로 여기고 다들 믿지 않음.

그런데 페르시아 황제가 조로아스터를 받아들이고

페르시아의 국교가 됨.

(지금도 이란 등지에 남아 있음.)

조로아스터는 지구는 선과 악이 있고 선을 선택해야 한다고 가르쳤음.

악을 선택하는 영혼은 무서운 지옥에 떨어진다고 했고

선을 선택하면 천국에 갈 수 있다고 가르쳤음.

이웅.

종교체험론(2024 웅)

사실 영적 체험이 우리 인간에게는 두려운 경험일 수도 있음.

종말론에 관해(2024 이웅)

예수가 퍼트린 종말론은 허구고

지구는 젊은 별로 오랜 미래를 기약하고 있음.

그러니 기우(하늘이 무너질까) 걱정하지 마.

하늘이 무너져도 솟아날 구멍은 있다는 한국 속담이 있음.

미트라교

지금은 실전된 밀교(비밀 종교) 중 하나야.

태양신 미트라(불패의 태양)를 숭배했음.

남자들만 가입할 수 있었고 주로 군인들이

미트라교를 믿었음.

크리스마스는 사실 미트라교 기념일임.

로마의 황제 콘스탄틴은 미트라교였는데,

예수에게 개종함.

그 후 로마에 기독교가 퍼지고

밀교는 실전되었음.

예수님은 조금 약했다면,

미트라는 강력한 군신으로 엄청난 파워를 가진 신이었음.

(그래서 남자 군인들이 매료되었음. 아름답고 강한 미트라에.)

이웅 남김 2024 1001

조조의 마지막에 관해(2024 이웅)

조조는 평생 전쟁을 하며 사람을 많이 죽였음.

조황이 마지막에 자신이 죽인사람들의 혼령을 봄.

그리고 혼절하는데,

신하들이 제사를 지내자고 함.

그러니까 조조는 제사에 의지 안 하고,

자신이 한 일 모두를 자신이 책임지겠다고 함.

조조는 진짜 영웅이고 황제였음. (이웅 2024 0930)

《삼국지》와 태평교

우리에게 삼국지로 유명한 태평교는

장각이 창설했다.

장각은 한 노인에게 의술을 배우는데,

노인은 당부를 한다.

이 의술로 세상을 구하라고.

그리고 단서를 다는데, '만약 다른 마음을 먹으면'

재앙을 입는다고 했다.

장각의 의술이 신비하자 그를 따르는 무리가 100만을 넘어섰다.

장각은 다른 마음을 먹고 '황제'가 되기 위해, 반란을 일으킨다.

장각은 영웅들(조조, 유비)에 의해 제거당한다.

이웅 남김 2024 0930

아무튼 너희는

세상의 삶 속에서 → 영원의 욕망으로 갔다면

(영원한 젊음, 영생)

나는 세상의 삶에서 → 죽음을 봤고 → 그 다음의 영원을 봤음.

그게 다른 거야….

뭐 그럴 리야 없겠지만… 그런 현자가 지금 시대에 있을까? 싶다….

예수가 '영원한 생명'을 준다고 현혹했잖아 사람들을….

그래서 누구나 몰려가서 '구원' 얻었다고 하잖아….

그런 가벼운 거면 버려.

이웅 남김 2024 1114. (AD 2024 1118에 이웅이 수정.)

조건 없는 사랑에 대해 가르쳐 줄게.

세상은 조건을 보고 교제하거든?

예컨대 신분, 재산, 외모 등등

그리고 더 악랄한 인간은 다른 인간을

'이용'하거나 '범죄'를 저지르는 경우도 있어.

조건 없는 사랑은, 그 인간 그 자체를 사랑하는 그런 관념임.

Unconditonal Love라고 함.

21c의 통념 - 뇌와 의식(2024)

지금 미국 의대에서도 뇌가 의식을 생성시키고

뇌가 죽으면 의식도 사멸한다고 가르치거든?

완전 잘못 알고 있는 거야.

뇌는 의식을 구현해 내는 일종의 '생체기계'지

의식의 발원이 아님.

NDE(임사체험) 사례가 좋은 예시를 줌.

전에 말한 이븐 박사의 임사체험은

'뇌사상태'에서 일어난 초현실 체험인데,

뇌가 만들어 낸 환각이 아니라 이거지.

뇌와 의식 2(2024 이웅)

(뇌에 바이러스가 침투해서 의식을 잃고

혼수상태로 있다가 깨어난 사례임.)

임사체험(육신이 거의 기능을 못하는 상태에서의 초현실 체험은)

즉 의식 그 자체가 여행했던 곳이라고 보면 됨.

우리는 주객이 전도되어 유물론(즉 물질만능주의)에

빠져서 '뇌가 곧 의식이다'라고 '거꾸로' '믿고' 있는 거지.

그래서 정신병 치료도 신경전달'물질' 통제를 하려 하잖아.

잘못 알고 있는 것.

심리학 서적들도 '뇌' 기능 관련 요소를 초반에 중점으로 다뤄.

(과학이라는 유물론-물질(matter)로만 세상을 보는 관점은 틀렸다 이거야.)

신의 수학(2024)

사람 염색체 수가 46개거든?

그리고 세포분열 할 때마다 46개가 정확히 복제돼

그런데 생식세포(정자와 난자)는 감수분열이라는

특이한 세포분열을 하는데

정확히 23개 반으로 나뉘어.

그래서 23+23(정자와 난자)이 합쳐져서 다시 46개의 세포가 됨.

신의 수학임.

신기하지?

이웅 2024

무한우주론(2024 이웅)

우주의 수가 무한에 가깝게 많다는 이론이다.

제가 만든 이론입니다.

저는 신의 창조를 증명했습니다.

신께서는 지구만 만들지 않으셨습니다(Axiom-공리).

아직 더 연구가 필요하지만, 신의 섭리는 무한의 우주와

셀 수 없이 많은 고차원이 있다는 것을 제게 가르쳐 주었습니다.

2024 0910 이웅 남김.

유대인의 책(2024)

성서에는 인간이 신의 형상이고 만물의 영장이라 나오죠.

거짓입니다. 인간보다 지성 체계가 훨씬 뛰어난 외계의 존재가

성서를 기각합니다.

진화론은 잘못된 전제에서 출발한 학설입니다.

천사의 존재는 인간 세상에서도 가끔 비유되는데,

그들은 천상계의 존재들일 겁니다.

저도 천사에 대해 정확히는 모릅니다.

이웅 2024

전생 연구(2024 이웅)

캐머런이라는 아이가 자꾸 예전에 살던 집 이야기를 꺼냈습니다.

처음에 부모는 아이가 헛소리 하는 거라고 넘어갔습니다.

그런데 진술이 너무 구체적이자, 부모는 심리학자에게 의뢰합니다.

캐머런은 예전에 살던 집의 구조(그 안에 세밀한 부분)까지 말했다고 합니다.

심리학자와 부모는 실제로 찾아가 봅니다.

캐머런이 한 말과 정확히 같았습니다.

그는 어떤 연유로(5세 정도 아동) 그 집을 알고 있던 걸까요?

전생이 있으면 논리상 '후생'도 있다는 겁니다.

모든 인간이 죽어서 좋은 데 가는 거 절대 아닙니다.

불교의 모태인 고대 인도의 브라만교에서는 윤회를 말했습니다.

또 지구에 태어나고 태어나고 그렇게 사는 게 여기 낮은 하계의 영혼들의 운명입니다.

우리는 올라가야 합니다. (우리의 지구적 삶이 끝날 때!)

이웅 2024 0908.

천국과 지옥(2024 웅)

우리는 ‘믿음’이 아니라 ‘앎’의 영역으로

천국과 지옥을 상정해야 합니다.

저는 실제로 지옥을 체험했습니다.

‘영원’의 시간을 체험해 보았습니다.

‘영원히 불타는 절망의 광대한 공간’이었습니다.

그리고 종교인들의 거짓 진술 말고(그들 교주 홍보)

실제로 천국을 본 사람들이 있습니다(뇌사상태에서 깨어나).

이를 임사체험이라고 부릅니다.

지구 사람들 모르고 있습니다.

예수를 믿는다고 천국에 갈 수 있는 거 아닙니다.

여기서 선택이 자유의지의 결론이 지구인들의 천국과 지옥을 나눌 것입니다.

저는 미리 말씀드립니다.

이웅 2024 0908(AD 2024 1118 이웅이 수정.)

Proof of heaven(Eben Alexander)

나이 많은 분도 보시는데, 반말로 얘기해서 죄송합니다.

이븐 알렉산더 박사의 임사체험에는 뇌에서 벗어난 의식이

다른 차원을 여행한 기록이 있습니다.

뭐 하도 지구상 거짓이 많기에 믿기 어려운 증언임은 사실이지만,

저는 객관적 논리 척도로 진실된 증언임을 알았습니다.

다른 세상의 존재. 그게 제가 여러분께 줄 수 있는 가장 귀한 선

물일겁니다.

어떻게 가는지는 모릅니다.

지구에 살면서 천국의 존재를 의식하는 것. 매우 중요한 일입니다.

(삶의 중요한 결정에 영향을 끼칠 테니까요.)

제 작은 선물입니다.

이웅 2024 0905

예컨대 한 A가 길가다가 죽은 귀신을 봤어.

그럼 지금 시대 과학자들은 십중팔구

'환각'이라고 해석해.

즉 이들(과학자)은 초현상에 대해 부정하고 무지한 경향이 있다는 거지.

A는 정신병자 취급을 받을 수도 있어.

외계인 예를 들어 볼게.

누가 외계인을 봤다고 말하면 사람들은 미친사람이라고 치부할 수 있다 이거지.

즉 자신들의 좁은 사고에는 '없는 존재'라고 '믿고' 있는데 누가 그것을 경험했다고 하면.

그런데 진짜 오류에 빠진 사람도 많아.

예컨대 "하나님이 이렇게 이렇게 하라고 했다."라고 말하는 사람은 오류에 빠진 사람 맞음.

(신 같은 경우는 지구에서 인간의 언어로 직접 명령하진 않으시니까.)

이웅 2024(AD 2024 1118 이웅이 수정)

미래범죄론(2024)

내가 미래에 일어날 끔찍한 범죄를 미리 가르쳐 줄게.

뇌 통제기술(브레인 맵핑)에 성공하면

뇌를 통제할 수 있음.

이 기술이 성공하면 인간은 완전 로봇이 되는 거지.

뇌에 기계장치를 연결시켜서, 죽이지 않고

뇌를 지배할 수 있음.

그러면 명령자가 그 인간을 로봇처럼 통제할 수 있음.

미래에 일어날 BRAINCONTROL(브레인컨트롤) 기술임.

여기서 우리의 어설픈 생각을 먼저 확인해야 해.

'지금 과학'은 뇌가 의식이라고 믿고 있거든.

그런데 뇌는 인간과 별개의 생물 기계야.

즉 뇌가 너가 아니란 거지.

아무튼 미래의 일이야

꼭 좋은 길을 걸어야 해!

2024 0831 이웅. (AD 2024 1118 이웅이 수정.)

천사들의 찬양에 관하여(2024)

우리 세계에서는 볼 수 없는데 고차원의 천국에서

들었다는 증언이 있어(이븐 알렉산더).

(음 자체가 보였다고 함. 노래가 들리고 또 '보이는' 공감각적 아름다운 세계였다고 함.)

이븐 알렉산더는 멜로디를 기억은 못 해 냈는데, 지구상의 어떤 음악도

비견될 수 없을 아름다운 찬양이었다고 함.

우리가 언젠가 천사가 된다면 들을지도.

음악 기도(2024 웅)

뮤지션 친구들을 위해 알려 줄게.

모차르트 음악의 본질은 신께 ‘기도’한 음악이야.

아이유 음악도 약간 기도적 색채가 있는 부분이 있어.

그런데 모차르트는 기독교 세계관에 갇혀서 조금 부정적인 주제를 만들긴 했어.

’심판의 날’, ‘진노의 날’

영혼의 멜로디로 신께 기도하면 엄청 아름다운 음악임.

음악으로 기도할 수 있음.

이웅 2024(AD 2024 1118 이웅이 수정.)

선종(웅)

내가 좋은 것 하나 가르쳐 줄게.

책을 읽어서 실력을 늘리는 것을 교종이라고 하고

의식 속의 길에서 통찰과 깨달음을 얻는 길을 '선종'이라고 해.

뭐 교종이 익히긴 편하지. 눈으로 보고 익히니까.

그런데 궁극의 경지는 '선종'에 있어.

통찰이 일어나면, 그동안 보던 서적들의 본질을 볼 수 있을 거야.

예컨대 형법 책을 보며 '무슨 죄 무슨 죄 몇 년, 이런 거 외우는 것 보다'

그 책이 쓰인 '정신'을 볼 수 있어.

그리고 선종은 무한함. (끝이 없고 길도 다양해.)

이웅 2024(AD 2024 1118 이웅이 수정.)

지구주권론(이웅 2024)

사실 외계인을 계속 추적하며,

말하고 싶지 않았는데, 저의 추론을 남겨 놓겠습니다.

“외계에 있어서 지구는 어떤 곳인가?”라고 물으면

중국의 변방과 같다고 할 수 있습니다.

중화사상은 중국이 세계의 중심이라 믿었고 나머지 미개한 오랑캐는

일종의 무언의 관할하에 있었습니다.

외계인들은 지구 내정에 간섭하지 않습니다(과거의 중화주의처럼).

그러나 감시하고 관리하는 듯합니다. (우리에게 포착되는 UFO는 그들이 patrol하러 오는 것입니다.)

참 재밌는 게 우리 인류는 우리끼리 정부를 만들고 그 안에서 살고 있지만,

거시적으로는 속국으로 여겨지는 우주 변방의 한 푸른 별이라 이겁니다.

이웅 2024 0828

판도라의 상자(이웅 2024)

제우스 신이 판도라라는 여자에게

선물 하나를 주었어.

상자인데 열어 보지 말라고 했어.

판도라는 그 상자 안에 있는 게 너무 궁금해서

상자를 열었어.

그러자 온갖 불행, 다툼, 혼란, 질병 같은 것들이 세상에 퍼졌지.

판도라가 울고 있는데, 그 상자에 남은 게 하나 있었음.

'희망'이라는 존재가 판도라에게 다가왔음.

뭐 세상의 혼란과 분열 속에서 '희망'을 잃지 말라는 신화적 이야기야.

지구에서 어떤 역경에서도 꼭 간직해.

이웅 2024 1114

형이 쉽게 이야기 해 줄게(어린 사람들에게 보내는 따로 쓰는 편지)

마르크스의 ‘자본론’과 공산당이 발표되었을 때

사람들은 ‘모두가 잘사는 세상’이 올 거라며, 공산당에 가입했어.

홍군(중국 인민해방군의 모태)에 가입해서 악덕 지주들과 싸우자 하며

전쟁을 벌였지.

즉 이런 세포가 되어서는 안 된다는 거야.

어떤 ‘유토피아적 이데아’가 제시되었을 때, 그것에 쉽게 말려들면 안 된다 이거삼.

지금 중국 북한이 유토피아(이상사회)인가? 아니야….

그들의 피는… 사실… (생략)

그럼 우리 세상에 적용해 볼게.

'민주주의'라는 가치를 숭상해서, 우리를 지배하는 악덕 정부와 싸우자 이런 식의 사고 역시도

위의 홍군적 사고라고 볼 수 있어.

이용당하면 안 돼… 결코… 적어도 이 글을 보는 젊은이들은….

예수 전도한답시고 길거리에서 전단지 나누며 '구원'받으라고 말하는 tool person(도구 인간)이 되어서는 안 된다 이거야.

웅 형(오빠) 남김 2024

옴

신의 의무.

인간의 정당한 청원은 신은 들어주도록 노력해야 함.

이웅 2024 1114

주객이 전도된 한국 종교들(이웅 2024)

어릴 때 엄마는 교회에 다녔다.

나는 가기 싫었는데 반강제로 끌려갔다.

목사는 헌금을 많이 하면 복을 받는다고 매일 설교를 했다.

나는 듣기 싫었다.

엄마는 아빠가 회사를 경영하는 데 도움이 되고자 그런 종교에 갔었나 보다.

아빠 회사가 꽤 잘되자 엄마는 돈을 종교에도 썼다.

그러나 결국 아빠의 회사는 시대의 흐름을 따라가지 못해 폐업해야 했다.

아빠는 다른 회사의 사외이사로 갔다.

'복'을 받는다는 미명하에, 신을 찾는 행위는 주객이 전도된 행위이다.

제사보다는 제삿밥을 먹고자 제사에 참석하는 것이니 말이다.

70년대의 산업화의 유산으로 속칭 '성공', '대박', '잘되는' 풍조가 민간에 퍼져 있다.

종교도 이에 편승하여 진정한 사랑, 진정한 우정, 진정한 믿음이 아닌

'복'을 구하는 공양미 300석을 요구한다.

심청이는 아버지를 구하기 위해 공양미 300석을 얻기 위해 인당수에 몸을 던진다.

이웅 남김 AD 2024 0827(AD 2024 1118 이웅이 수정.)

그래도 지구는 돈다(웅 2024)

갈릴레이는 수리적으로 지구가 태양을 중심으로 돌고 있다고

증명해 냅니다.

그는 학설을 발표했지만, 당시 교회는

'신의 형상'으로 창조된 '인간중심'의 좁은 세계관에 갇혀 있었습니다.

지구는 우주의 중심이어야 했습니다.

교황은 갈릴레이를 불러서 학설을 철회시킵니다.

갈릴레이는 법정을 나서며 "그래도 지구는 돈다."라고 했다고 합니다.

그동안 우리가 믿어 왔던 '사실'이라고 여겼던 '가치'들이 사실은

플라톤이 말한 어둠의 동굴 속의 좁은 관념일 때 우리는 회의할 것입니다.

그러나 진리는 진실은 지지자의 수의 여부와 관계없이 항상 빛나고 있습니다.

이웅 2024 0826

진화론과 사상 검증(웅 2024)

변증법적 테제로 진화론이 사회적 정설로 정립되었습니다.

한 헌법재판관은 인권위 후보인데, '창조설'을 지지한다고

언론에서 저격합니다.

테제에서 벗어난 소수 의견을 저격하고 몰아내는 우리 인간의 악습의 발현입니다.

뭐, 기독교 창조설이나 진화론이나 초보적 2진법적 오답들이지만,

적어도 우리는 사회에서 일종의 주류가 형성되고 그에 어긋나면 돌을 던지는 한국 사회의

진면목을 그대로 바라봐야 한다는 점일 것입니다.

헌법정신은 각 개인의 사상과 양심의 자유를 존중하고 국가는 이를 보호해야 한다는

정의적 명제를 우리에게 제시하고 있습니다.

이웅 2024(AD 2024 1118 이웅이 수정.)

변증법(웅 2024)

쉽게 예를 들어 보겠습니다.

학생들이 나이키 가방만 메는 게 대세입니다.

그리고 아디다스 가방은 이단아 취급을 받습니다.

헤겔 철학의 변증법은 테제(나이키 대세)가 정립되고

많은 이들이 이 테제를 따라갑니다.

그런데 안티테제(아디다스)가 나타나서 다른 의견을 제시합니다.

그리고 테제-안티테제는 더 진보된 체계로 나아간다는 철학이론입니다.

우리 세상에서 이견이 필연적으로 발생하는데, 저는 그렇게 말하고 싶습니다.

누구보다 '하늘이 부여한 자신의 주관'이 가장 소중하다고.

즉 자신의 생각을 가장 소중히 여겨야 한다고 생각합니다.

이웅 2024

위대한 창조주께 드리는 기도문(2024 0826 이웅)

일종의 과학이라 불리는 합리적 공식실험 이론체계는

세상을 일종의 물질화하는 어리석음을 범했습니다.

마음, 생각, 감정 등을 무시한 채로,

인격체를 사물화하고 실험화하는 어리석음을 계속 범하고 있습니다.

그 목적은 지식기술적 진보에 있지만,

더 중요한 법적 가치를 상실한 만행일 수도 있습니다.

법과 정의는 인격체의 보호를 사명으로 하며, 위반자에게는 형사적 제재가 가해져야 한다는 당위를 창조주께 말씀드립니다.

뭐 저는 완전한 선은 아니었지만 말입니다. 적어도 위대한 이데아의 정의는 생명체의 인격 존중을 저에게 말하고 있습니다.

이웅 2024 0826

야훼의 정체에 관하여 이븐 박사님께. 2024 0826.

에스겔이 사실을 기록했다면, 야훼의 정체는 외계인입니다.

야훼란 이름으로 인류의 신이 된 질투적 존재는 분명 창조주는 아닙니다만, 적어도 지구를 통제, 지배, 구속하려는 존재인 것은 분명해 보입니다.

그는 인류를 속였습니다…. 뭐 외계인이 야훼만 있는 것은 아니겠죠.

이웅 2024 1114

부연: 간단히 외계인의 존재는 인간중심창조설을 기각한다.

외계인 연구(2024 이웅)

한 비행사가 관제탑과 교신 중에

어떤 물체가 엄청나게 빠르게 다가온다고

교신한 내용이 있습니다.

관제탑에서는 당시 운행 중인 "비행기는 없다."

라고 밝혔습니다.

그 조종사는 마지막으로 "이것은 비행기가 아니다." 하고

실종되었습니다.

외계인에 의해 납치된 사례로 추정됩니다.

외계인은 다정한 존재는 아닌 것 같습니다.

그리고 지구에 나타나는 외계인들은 외계에서도

'군인' 신분일 확률이 높습니다. (관광하러 오는 게 아니라

순찰하러 오는 것이니까요.)

이웅 2024 0826

자유에 관한 소고(2024 이웅)

사실상 죽는 날까지 자유는 얻기 어렵다.

마치 중력처럼 붙잡고 있다.

모든 인민은 예속 상태에 놓여 있는 것이다.

그것이 경제적(돈), 직업적, 신분적 혹은 사회적 시선이든 간에

모든 인간은 예속 상태에 놓여 있다는 것이다.

(권력자들도 다른 사람들을 의식하기 때문에 매한가지다.)

자유는 요원하다. 마치 중력과도 같이 인간들은 예속되어 있는 것이다….

이웅 2024

외계인에게 보내는 편지(2024 이웅)

우수한 문명으로 지구를 관리하는 외계인에게 편지를 씁니다.

저는 한 명의 인간으로서, 진보된 체계를 접하고 싶습니다.

부디 자비로운 가르침을 주시기를 바라겠습니다.

한 가지 부탁은, 인간의 자유의지를 최대한 보장해 주셨으면 좋겠습니다.

가까운 시일 내에 뵙고 싶습니다.

솔직히 말하면, 떨리고 공포심도 없지 않습니다.

그러나 우리의 만남이 인류사에 획을 긋는다면,

저는 기쁘게 맞이할 것입니다.

편지를 쓰며(웅 2024)

글쎄… 내가 아마 '영원히' 함께 있진 못할 거야.

나도 갈 길이 있어서….

그러나 우리의 교집합이,

시간의 공유가 아름다운 추억과 빛으로 남기를 기도함.

이웅 2024 0820

고대의 밀교(비밀 종교에 관하여 2024 이웅)

기독교, 불교, 이슬람교 같은 대중화된 종교 말고,

비밀리에 전수되는 종교를 밀교라고 불러.

한 문헌에서 이런 글을 봤음.

"입교하는 자 행복할지니, 사후에 같은 곳에 있지 못하리라."

36.5도(자작시 이웅 2024)

머나먼 은하를 넘어,

무수한 높은 차원을 넘어,

아무리 높이 올라가 봐도,

항상 그리운 36.5도

우리 인간의 체온

36.5도

항상 그리운 너의 36.5도

이웅 2024 0820

예수가 태어나기 이전에 죄를 짊어지고 죽었다가 부활하는 크리스트 문헌이 발견되었습니다.

외국 사람들이 공개했는데 한국에는《예수는 신화다》라는 책제목으로 출판되었습니다.

기독교계에서 공격해서 그 책은 절판되었죠.

저는 확인했던 사실입니다.

쉽게 예를 들어 볼게요. 미륵불 신화가 있었는데, 궁예가 스스로 미륵불이라고 했죠?

예수도 비슷합니다. 신화 속 이야기를 자기에게 적용한 사이비 교주의 전형입니다.

뭐 궁예가 미륵이 아니듯, 예수도 크리스트는 아닙니다.

이웅 남김 2024 0814

철학 사조(2024 이웅) 두 명의 희대의 천재가 있었음. 플라톤, 아리스토텔레스, 아마 나보다 훨씬 뛰어날 거야. 플라톤은 영적인 측면에 파고들었고 이데아라는 상위 차원을 만난 사람이야. 그리고 아리스토텔레스는 플라톤의 제자인데 논리와 수리 쪽으로 파고들었어. 이 두 명의 거장이 있었음. 왜 이 사람들 이야기를 하냐면, 지금은 아리스토텔레스적 사조로 플라톤의 영성을 부정하고 있어. 과학이라는 미명하에… 양쪽 다 경시하면 안 된다고 말하고 싶음. 특히 예술에서는 영적인 발현이 두드러지는데 지금 시대 사람들은 그걸 몰라.

철학 사조 2(이웅 2024) 조선 유학에서는 죽으면 흩어져 버린다고 믿었음. 공자는 불가사의한 부분에 무지했고 괴력난신이라고 폄하했음. 지금 시대 주류 과학의 유물론도 다른 세상을 계속 부정하고 있어. 지금 세태라는 것을 알아줘. 그러나 진리는 진실은 주류 세태 속에만 있는 게 아니야. 예전 유럽 사람들은 콜럼버스가 아메리카를 발견하기 전까지 아메리카를 몰랐었으니까.

철학 사조 3(이웅 2024) 지금 주류 종교인 기독교, 이슬람교는 믿으면 된다는 값싼 구원론을 퍼트리고 있어. 당연 거짓임. 불교는 무신론적 허무주의에 빠져 있어. 엄청 사상적으로 암울한 시대야. 나는 종교는 안 만들고 떠날 거야. 그리고 나는 세속에 종교인들을 별로 안 좋아함.

철학 사조 4(이웅 2024) 나는 법학을 많이 했는데 어떤 길을 택하든 진리로 가는 길은 비슷해. 궁극이라는 단어를 쓰기에는 미흡하지만 신의 존재와 상위 가치는 계속 길을 가면 만나는 길이라고 말하고 싶음.

철학 사조 5(2024 이웅) 물론 세상에서 이런 지식은 배울 수 없어. 모르거든. 혹은 폄하하기도 해. 우리는 각자 자신의 길을 열어야 해. 각자 자신만의 진리를 향한 길을!

종교(2024)

수많은 대중 앞에서 연설하고, 박수 받는 것은

제 역할이 아닙니다.

저는 단 한 명이라도, 단 한 사람이라도 진실되게

사랑해 보고 싶습니다.

그것이 제 종교철학입니다.

이웅 올림(TO GOD 2024 0813)

히든카드(이웅 2024)

전에 말한 히든카드를 알려 줄게.

heaven(천국)이야.

우리의 세상과 차원이 다른 세상.

그곳에 아무나 못 가….

여기서의 삶이 사후를 결정할 것.

그리고 노파심에 말씀드리면…

SNS에 초현실(Ultra real) 이야기는 거의 안 하는 편인데,

전에 말한 플라톤의 동굴을 기억해 주십시오.

어둠에 묶여 죄수로 비유되는 인류의 근시안적 시각에 안주하려면,

우리는 계속 낮은 땅을 배회할 것입니다.

다른 죄수들처럼, 모든 것을 부정한 채로….

세속에서 돈 몇 푼 더 버는 것이 목적이라면… 외계는 의미 없을지도 모릅니다.

그러나 우리에게 원대한 꿈이 있다면… 더 높은 차원을 열망한다면,

문이 열릴 수도 있다고 생각해 봅니다.

이웅 2024 1114

자세한 계산과정은 생략하고

제가 대충 UFO 스피드를 계산했더니

지구에서 가장 빠른 SR71보다

55배 이상 빠르다는 계산이 나왔습니다. (어림값입니다.)

이웅 2024 0811

옴.

인간의 자유의지를 초월하는 신성의 섭리에 관하여.

적어도 그에게는 오차가 없다. 무한의 관점에서 보는 인간의 자유의지 또한 제약된다.

적어도 그는 창조 시 의식의 자율적 활동을 보장한 듯싶다.

믿음에 대해 회의가 많다. 솔직히 섭리가 뭔지 잘 모르겠다….

웅 2024(AD 2024 1118 이웅이 수정)

불행한 종교적 현실은

'믿어야만' 구원을 얻는다거나,

하는 거짓말일 것입니다.

종교, 교주, 예수나 부처를 안 믿어도,

심지어 신을 믿지 않아도,

그분은 처벌하진 않으실 겁니다.

저는 키르케고르의 '신 앞에 선 단독자'라는 말을 좋아합니다.

인간의 긴밀한 내면의 마음과 신과의 연결은 아름다운 이름 없는 종교일 것입니다.

이웅 2024 1114

종교의 의미에 관하여(2024 이웅)

세속에서 살면서 친구, 지인, 가족 등등과

우리는 교류합니다.

그러나 인간은 생각보다 약한 생명체입니다.

저는 신께 의지하는 방법을 추천합니다.

적어도 세속에서 인간에게처럼 상처받지는 않을 겁니다.

그는 보이지 않아도 모든 것을 아시나니….

이웅 2024 1114

(첨언: 간절히 바랐던 것이 신의 무답에 의해 외면당했다고 느낄 때 신에 대한 미움과 불신은 자연스러운 감정입니다. AD 2024 1118 이웅 남김.)

지옥론(2024 이웅)

저는 특별한 영적 체험을 할 행운을 얻게 되었습니다.

지옥에 들어갔다 나왔던 기억….

단지 '무섭다'라는 말로는 설명할 수 없는

영원히 불타는 공간에 잠깐 갔다 왔습니다.

그 절망감은 말로 표현 못합니다.

종교를 떠나서 다른 세상에 대한 신빙성 있는 증언이 있는 만큼,

지구에서 선과 악의 결정은 인간의 사후 세계를 나눌 것입니다.

사람들 모르고 있어요… 그래서 돈 몇 푼 가지고 범죄하는 겁니다….

선과 진실 정의를 따른다면 천국도 멀지 않을 겁니다.

플라톤의 경고(2024 이웅)

고대 그리스의 철학자 플라톤은

진실에 관한 예언을 했습니다.

어둠 속 동굴에 죄수들이 묶여 있습니다.

그중 한 죄수가 동굴 밖을 벗어나서

빛을 봅니다.

그리고 동굴에 돌아와 죄수들에게 말해도

죄수들은 그를 미치광이로 여기고 믿지 않습니다.

우리 세상을 정확히 예언한 현자 플라톤의 견해입니다.

뭐 저는 제 말을 믿어 달라고는 안하지만, 적어도

이성과 지성이 말하는 진실을 말하고 있다고 생각합니다.

성서 창세기의 거짓(2024 웅)

유대인의 책에 인류가 먼저 창조되었다고 나옵니다.

하지만 인류보다 진보한 외계 체계는

성서 창세기를 기각합니다.

우리는 원죄 때문에 이곳에 있는 것도 아니고

만물의 영장도 아닙니다.

그저 인류는 푸른 별 지구에 모여 사는 작은 족속입니다.

우리는 눈을 떠야 합니다.

인간이 만든 거짓 문서에 속으며 우물 안 개구리의 삶에서 벗어나야 합니다.

이웅 2024 1114

(이 부분을 계속 반복해서 남기는 것은 그만큼 중요한 이야기이기 때문입니다. 인류는 패러다임의 전환을 해야 한다고 생각합니다. AD 2024 1118 이웅)

인류 최대의 미스터리(이웅 2024)

우리 인간의 최대 미스터리는 아마 사후 세계일 것이다.

많은 이들의 불신의 장막 속에서

각 설이 난무한다.

나는 이론을 만들어 냈다.

하지만 확인할 길이 없다.

옴

악마 연구.

보니 결코 천국에 들어갈 수 없다. 아마 영원히 하계를 떠돌 것(악마들의 운명).

저는 올라가겠습니다. 천국으로

옴

저는 타락한 사제들처럼 살지 않으렵니다. 곧 죽어도 신념을 지키겠나니….

(AD 2024 1118 이웅이 수정.)

옴

외계우주학과 가상강의 초안.

안녕하십니까 하느님, 이 학과는 외계인과 우주를 중점적으로 연구하는 학과입니다. 학과장을 맡게 된 이웅이라고 합니다.

먼저 여러분은 “외계인이 정말 있을까?” 하는 의구심을 가질 수 있습니다. 몇 가지 시청각 동영상 시청하겠습니다.

(외계인 UFO 영상)

이 자연적으로 찍힌 영상에서 우리는 인류보다 기술이 진보한 외계문명권을 육안으로 확인할 수 있었습니다.

이들은 누구고, 왜 우리에게 살포시 나타나는 것일까요?

우리 학과와 인재들은 그 비밀을 풀어내서 세상에 공개할 사명을 가지고 있습니다.

저 단 한사람의 힘으로 외계의 비밀을 모두 풀 수 없습니다.

우리는 제한된 퍼즐 조각으로 거대한 모자이크를 그리는 작업을 해야 할 것입니다.

일단은 우리 인류에게 제시된 퍼즐 조각, 즉 외계인이 지구에 나타난 사례들을 중점적으로 다루면서 추론을 전개해 보도록 할 겁니다.

제가 조사한 사례와 학생 여러분들이 조사한 사례를 종합하여, 지구상에 나타났던 외계인들의 기록을 먼저 살펴보도록 하겠습니다.

또한 우리 인류가 알고 있는 우주의 지도를 만들어서 외계의 위치를 추론하는 작업 또한 할 것입니다.

기술력으로 UFO의 속도를 측정하는 방법도 있습니다.

(아무튼 하느님, 외계인들 진짜 있습니다…. 언젠가 우리도 알게 되겠지요….)

이웅 2024 1114

(AD 2024 1118 이웅이 수정.)

옴

신의 인간에 대한 깊은 이해.

신은 인간 영혼 하나하나를 깊이 이해하기에, 적어도 창조주의 심판은 없다고 확신해도 될 것 같다.

아마 있다면 객관적인 다르마나 법의 화신의 작용일 것이다.

이웅 올림 ae 2024 0717

(아니타 무르자니와 이븐 알렉산더가 전한 진실은 창조주의 무심판론입니다. AD 2024 1118 이웅.)

옴

미래의 통제 사회의 예감.

강력한 AI의 물리적 지배 확보

옴

후배들에게 신학적 충고.

섹슈얼이나 크리미널한 생각이 들 때 슈퍼에고적 기도를 드리면 안 됨. 솔직히 신께 표현해도 됨.

이웅 2024 0706.

(저는 신께서 섹스에 대한 강력한 동원을 인간의 의식에 두셨다고

확신합니다. 리비도. 우리네 종교가 성을 다룸에 있어서 이런 섭리적 전제를 당연히 파악해야 한다고 생각합니다.)

비신론.

신이 아닌 것을 확증해 가며 신을 찾아가는 제가 창안한 신학방법론입니다.

예컨대 "신은 고양이가 아닙니다."라는 명제는 참이겠죠?

점점 진보하면 이 방법론은 진실을 찾는 데 도움이 될 것입니다.

AD 2024 1114

옴

신이 야훼가 아님은 비신론적 사고로 가능하다.

AD 2024 1114

옴

비순환무한소수.

우리 시간체계와 유사.

반복 없이 앞으로 계속 진행.

옴

선악의 스펙트럼에서 벗어난 다른 문화권 infinite.

옴

신은 높기에 고급스럽고 차원 높은 이야기만 해야 한다는 것은 연민… 신은 모든 것을 포괄한다.

이웅 2024 1114

옴

그러면 인간의 최종 목적은 헤븐이란 곳에 안착하는 것일까요? 확실히 이곳보다 좋은 세상이긴 합니다만… 거기서 영원이라….

이웅 2024 1114

옴

창조주의 창조주권적 창조재량론.

신은 신의 재량으로 창조를 하시고, 피조물은 타 피조물의 존재에 이의를 달 권리가 없다. 왜냐하면 신께서 무엇을 창조하시든 그분의 재량이기에.

이웅 올림 ae 2024 0706

(가끔 악과 질병 같은 것을 보며 신의 창조에 반론을 제기하는 사람들도 있는데, 신은 무엇을 만드실지는 그분의 재량입니다.)

(쉽게 부연하면 한 존재가 다른 존재의 존재를 '부정'할 권리는 없다는 것입니다. 예컨대 A가 B란 것을 쓸모없다고 여기고 B의 존재를 부정하는 것은 월권이라는 이야기입니다. AD 2024 1118 이웅.)

옴

프리모디알.

더러운 세상. 암흑. 고통스러운 동물. 왜 이 세상은 있는가? 이들은 누구인가? 왜 이들을 만드셨는가?

(프리모디알은 이븐 알렉산더가 여행한 어둠의 땅입니다.)

이웅 2024 1114

옴

고난과 시련, 경쟁 등의 의미

확실히 발전합니다.

그러면 천국은 완전무결 영원성을 지닌 삶인가 싶기도 해요….

옴

만약에 지구가 외계인에게 정복당한다면

해방 작전명은 Omnipresent(무소부재)로 해 주십시오.

이웅 AD 2024 1114

옴

신은 한 인간 한 인간에 깊은 마음을 가지고 있고 그것을 우리의 언어로 사랑이라고 표현한다.

(옴 이 진술이 직접 체험자들과 무모순적으로 설명을 해 줍니다.)

OM

DIVINE LIGHT는 감사합니다. 영광입니다

이웅 AD 2024 1114.

옴

삼단논법을 드려 보죠.

1) 신은 모든 인간을 사랑한다.

2) 히틀러는 인간이다.

3) 신은 히틀러를 사랑한다. (히틀러는 유대인 600만을 죽였다.)

AD 2024 1114

(누군가에 대한 강렬한 연민이 듭니다. 악으로 몰려 재판받아야 하는 영혼에 대한 연민이….)

옴

전시 상황에서 군인들의 열악한 극한 상황은 신의 인간에 대한 연민과 모순되지 않는가?

옴

저는 상위법이(신성한 법이) 있다고 믿습니다.

옴

한 법학자가 조건설적으로 신을 정죄할 수도 있습니다(에피쿠로스).

이웅 남김 2024 1114

옴

우주만 해도 얼마나 큽니까…. 당신은 알기 어렵네요.

옴

1) 이븐 알렉산더는 신은 모든 인간을 사랑하며 처벌하길 원치 않는다고 말했다.

2) 위 명제가 참이면 창조주는 인간을(더 넓게는 피조물을) 심판하지 않는다.

3) 고로 선하면 신에게 상을 받고 악하면 벌을 받는다는 일반 상식과 다를 수도 있다.

옴

베카리아의 말처럼 심판이 즉각적이고 정확하면 범죄는 줄어듭니다.

그러나 신은 심판을 하지 않습니다. 어떻게 보면 지연된 정의입니다.

2024 1114 이웅 올림.

옴

우주에 얼마나 많은 영혼이 있는가? 정의가 가야 할 길은 어디인가. 법이 가야 할 길은….

옴

범죄를 허용한 신의 신성한 의지 연구. (모르겠음….)

옴

지옥, 실존 세상 맞습니다. 그곳에서 만난 '타아'들도…. 5명 정도 기억납니다. 모두 사악한 자들….

옴

사후 세계에 관하여.

우리는 '현실을' 봐야 합니다. 우리가 '원하는 상상'이 아닌….

이븐 알렉산더의 본질에 관하여(2024 이웅)

이븐 알렉산더는 지구 이전 영원한 관계를 맺은 영혼들을 만나고 왔다.

이로 유추해 보면 이븐 알렉산더 박사는 원래 지구인이 아니었다.

그는 천국에서 내려온 인간이었고 (어떤 연유인지는 모르겠지만) 자신의 고향에 잠시 갔다 오는 체험을 했다.

그녀의 여동생 베치도 본질이 천사였다(인간이었지만).

나는 이븐 알렉산더의 '양아버지'가 그곳에 있지 않았다는 점에 주목했다.

이븐 알렉산더의 아버지는 다른 세계에 있는 게 아닐까? 고로 천국이 단 한 곳이라거나 사후 세계가 단 하나라는 생각은 오류인 듯싶다.

옴

반신론. Rucifer theory.

신을 부정하거나 대적하는 사상을 통칭.

옴

우주에 심오한 반신론들이 꽤 있을 겁니다.

옴

신의 사도가 인간들의 호소에도 외면한다면 신을 왜 전합니까?

옴

자아실현 하려고 신을 전합니까? 사제는 고통받는 인간을 돌볼 의무가 있는 것.

옴

사람들이 의식 침해를 당해 자살하고 약 먹고 괴로워하는데도 하늘이 가만있다면 하늘 그만하십시오.

옴

신을 믿는 인간이
악에 의해 인간이 고통받고 하늘에 호소했는데도

하늘이 가만있다면 하늘은 하늘이 아닙니다.

OM

Human 미스테리아(인류 창조의 비밀)

OM

White Gold angel. Rainbow Angel.

아주 높은 곳에 있던 존재들(DrEben)

옴

패도에 관한 사견.

무력으로 무책임한 타인을 침범하면 카르마 다르마에 걸릴 것(제 사견)

옴

자유의지는 항상 상승만 시키는 것이 아니다.

자유의지로 인해 상승도 하락도 가능하다. (웅 올림 ae 2024 0622)

옴

범죄 연구.

범죄로 인한 즐거움 존재.

그러나 손해가 더 크다.

옴

참회 기도에 관하여.

우리가 지구에서 살다가 잘못된 죄책감이 아닌 보편적 이성에 의한 판단에 의거한 잘못을 저질렀을 때 신께 기도하는 것을 추천합니다.

(AD 2024 1114)

옴

옴은

Mathic이 아닌 humanic creation을 한다.

옴

지구는 필연적으로 고통, 상처가 동반된 삶이 이어진다.

동물의 경우도 유사하다. 왜 그렇게 창조되었는지는 인간의 지적 범위의 한계에 봉착한다. 그러나 그런 메커니즘 속에 지구가 있다

옴

신은 인간의 형상이 아니다. (2024 0621 이웅 남김….)

옴

지구에서 신을 찾지 않거나 불신하거나 싫어하는 경우도 많을 겁니다. 저도 실제로 많이 보긴 했고(리처드 도킨스 교수님).

그렇다고 신께서 처벌하시는 분이 아니라고 저는 확답할 수 있을

것 같습니다.

AD 2024 1114 이웅.

옴

악의 영원한 파멸에 관하여(2024)

존속 가치를 다한 후 존재 자체의 파국을 맞는다. 소멸이든 지옥이든….

(사견 AD 2024 1118 이웅)

옴

신의 완전성(이슬람을 보며)

지금도 이슬람 세계에서는 신성모독이 죄로 간주됩니다. 인간이 신을 대리하여, 신에 대한 범죄를 처벌하는 관행이 있어 왔습니다.

그들의 종교적 열심은 신을 오해한 것입니다.

인간이 신을 대리하여, 신에 대한 범죄를 처벌하는 것은 월권이고, 선을 넘은 행위입니다.

신은 완전하시기에, 스스로를 보전하십니다.

그러니 우리 인간이 신을 대리하는 것은 월권이고 남용이라고 저는 생각합니다.

이웅 올림 ae 2024 0616.

OM

앞으로 자연물을 보며 역추론을 해 보겠습니다. 시간 내 주셔서 감사합니다.

이웅 2024 0616

옴

우주 내 분쟁지역 최소 100개 이상(확률상)

고차원에 Brain military로 한번 가 보고 싶기도 합니다. 말년에 얘기해야 할 부분인데, 저 남은 생 열심히 공부하고 운동하렵니다….

아쉬운 것은 사랑하는 사람이 곁에 없다는 것이겠죠….

주술에 대해, 들었어요…. 이루기 어려운 소원을 성취하려는 시도를……. 기도도 일종의 비슷한 부분을 함유하고 있습니다….

모르겠습니다……. 사랑이 뭔지…. 제 철학은 박수 소리는 손바닥이 마주쳐야 난다는 지론….

이웅 2024 1114

옴

이리 봐도 저리 봐도 아무도 없네.

먼저 간 내 아들, 잘 부탁하오.

어지신 하늘이 천국을 주셨으리….

외로운 몸 하나이고, 긴 밤을 한탄하오.

하늘께 기도하니 어찌 아니 위안일까.

이웅 2024 0616

옴

불교 연구(2024 이웅)

교주의 무신론적 철학은, 세속에 대한 무의미의 염세로 이어졌다.

이것이 불교의 가장 큰 단점이다.

옴

악과 발전에 대한 소고.

확실히 악의 존재가 발전을 유도한다. all good world도 발전이 없진 않겠지만….

OM

윤리적 측면에서 창조주가 피조물을 내시고, 다사다난한 삶과 경험 마음 감정을 주셨으면서 종료 버튼을 누르는 것은 도의적이지

않다. (제 생각 - 웅)

Om

The Bible is all false. You are not the only God. - Lee Woong 2024 0611

옴

우주에 누군가가 심판을 해야 한다면, 누군가가 정의를 말해야 한다면 제가 하겠습니다. 당신께서 안 하신다면 제가 다르마를 만들겠습니다.

이웅 2024 1114

옴

돈이 좋긴 합니다만, 복지에 돈이 전부가 아닙니다. 약간 오해하고 있어요. 사람들이… 돈만 주면 된다고….

이웅 2024 1114

옴

운명의 다른 이름은 신의 인도.

배후에서 작업하는 신성한 존재.

결정적인 순간에 나타나시지만, 사실 모든 사건 상황을 통제하고 있다

이웅 2024 1114

to OM

사후에 관하여.

어떤 짓을 해도 '사랑'이라는 이름으로 용서받을 수 있다면,

어떤 짓을 해도 '사랑'이라는 이름으로 한 곳에 간다면,

이곳의 삶은 의미가 없다.

거짓된 망령은 달콤한 거짓말로 유혹하고,

어리석은 민중들은 그것을 '믿음'이라 붙들고 산다.

입교하는 자 행복할지니, 사후에 같은 곳에 있지 못하리라.(어느 밀교 - 비밀 종교의 문헌 중에서.)

이웅 2024 1114

DHA

GSL DNTMDGKRH TLVTMQSLEK. WLSwk DUFTLAGL GOQHFUQSLEK. DHA, TPTKDDL SKCTJQSLEK. DKSMS TKFKA GKSK DJQTRH QNAHSSM DNJSTNDLQSLEK. DKRAHDDMF AKSEMFDJSODY... DHA,,, WJ DURTL QJFLAQKEDMS DKDLDHK RKXDMS WHSWO, EKDTLSDML TJDDJRK EMERL WHGSPDY. DL WKRDMS AKF GKSAKELDP AKSGDMS RJTDL EMFDJDLtRLFMF··· WJFMF RNDNJSGOWNF DUDRKA eHGKS···.

TO OM.

진정한 종교의 길.

이제 알 것 같습니다. 세상의 허실을 내려놓아야 한다는 것을···.

어둠에 빠진 성녀.

고인이 된 '아이콘' 테레사 이야기를 남겨 놓는다.

그녀의 수기에서 어둠속을 헤매는 영혼의 절규가 담겨 있다.

사람들은 성녀라 추앙하지만 사실, 그녀는 어둠의 감옥에 갇혀 있었다.

남을 구원하러 떠났지만, 자기 자신을 구원할 수 없었다.

이웅 AE 2024 1114

이름 없는 사랑의 시(2024 웅)

조개가 인내를 하며, 진주를 만들어 내듯,

사랑을 이루려면 인고가 필요하다네.

많은 시련과 갈등을 거치고, 이루는 사랑이

가치 있는 것.

가볍게 만나고 헤어지는 인생 만사 속에서,

사랑의 귀한 가치는 인내한 자만이 얻을 수 있지.

옴

시냅스(신의 배려)

옴

신성 탐구.

피조추론론.

웅 올림 2024

(부연: 자연에 있는 신의 피조물들을 보며 신성을 탐구하는 학문 분과입니다. 제가 창안했습니다. 도움이 되기를. 아마 저 자신도 알 수 없었던 무수한 신비를 발견할 수 있습니다. 그리고 그것을 인류 지식수준에 응용할 수도 있습니다.

AD 2024 1114)

옴

다른 신들은 존재할까요? 외계인들은 무수히 많고 이븐 경에 근거가 있습니다. 시공간 진입 가능하다고…….

(AD 2024 1118 이웅이 수정.)

옴

이븐 박사님은 엄청난 정보 하나를 주고 갔네요.

"뇌가 우리의 의식의 근원이 아니다."라는 명제를…….

OM

Love Error

1) Since God is love, human beings should also love. (as obligation) False.

2) Goodness and love are good things, so we must accept

those who have done evil to us. (as obligation) False.

3) If you want to go to heaven, you must love people because you must love goodness. False.

Lee Woong 2024 0603.

OM!! I don't know what love is, but maybe it's at least a 'natural' feeling?

Lee woong 2024 0603

옴

논리 오류(Love Error)

1) 신은 사랑이기에, 인간도 사랑을 해야 한다. (의무로) False.

2) 선과 사랑은 좋은 것이기에 나에게 악행한 인간들도 받아 주어야 한다. (의무로) False.

3) 천국에 가려면 선과 사랑을 해야 하기에 사람들을 사랑해야 한다. False.

웅 올림 2024 0603.

옴, 사랑이 뭔지 모르지만, 적어도 '자연스러운' 감정이 아닐까요?

웅 올림 2024 0603

옴

오늘도 무수히 많은 생명이 죽고 다시 태어나는도다. 하늘의 법도는 어김없이 흐르리… 잔잔한 물결처럼…….

옴

내가 신이라면 나한테 기도만 하는 사람보다 스스로 길을 찾는 이를 아낄 것

옴

지구적 종교는 유아적 신앙인만을 양산해 냅니다.

스스로의 주체 의식이 상실된 채로 신에 대한 망상만을 키워 가는 듯합니다. 저 역시 그런 부분이 있습니다.

옴

일체신앙에 관한 사견.

하느님은 하느님이고

인간은 인간인데 왜 하나라고 하는가?

자아가 붕괴될 때는 좋습니다.

(사실 아니타가 구원받을 때도 브라흐만과의 합일을 이뤘습니다. 종교에서 추구하는 궁극의 단계이기도 합니다. 저는 저만의 자아를 형성해야 하기에 제 생각입니다.

이웅 AD 2024 1114)

옴

당신은 누구십니까? 이븐 경이 진술을 기록했으니 계속 보면 이해도가 높아질 겁니다. 너무 짧아요…. 아쉽습니다. 정말 진짜 깊은 신학서를 보고 싶습니다.

제 책은 당신께 바치는 예배입니다. 그게 제1순위입니다. 기대해 보죠…. 박정하지 않는 분. 근로기준법을 주장하진 않겠습니다.

옴

펜은 칼보다 강하다…. 이런 말이 있죠. 옴이라는 신성단어는 생각보다 파워가 강할 겁니다.

팔로워.

세간에서는 유명한 누구누구가 소문나면, 엄청나게 몰린다.

이런 세태 속에서 우리는 우리 각자 자신의 길을 찾아내야 한다.

신께서 부여하신 독창적 영혼은 누군가에 종속된 팔로워가 아닌, 스스로의 길을 찾게 할 것이다.

예수도 붓다도 참고 사항일 뿐….

잠시 스쳐 갔던 지구상의 악몽이었을 뿐….

나는 바란다. 적어도 이 글을 읽는 영혼이

세간에 휘말려, 누구를 찾고 다니지는 말기를….

자신에 대한 답은 자신의 영혼의 내면에 있다.

눈에 보이는 외부의 세계는 우리에게 주어진 하나의 환경.

그리고 적어도 나는 사람들에게 악몽이 아닌 아름다운 추억으로 남기를.

이웅(지구상의 기록 2024)

경고.

나는 예수가 득보다 해악이 많은 인간이라고 평하고 있다.

그러나 한편으로는 선배라고도 생각한다. (종교를 추구했던.)

세간에서는 많은 이들이 그를 믿지만,

나는 분명히 말해 주고 세상을 떠난다.

그는 '천국'보다 '지옥'에 가까운 인간이다.

그를 가까이하면 '지옥'이 가까워질 것.

크리스천들은 '어메이징 그레이스'를 부르며 '해방'을 선포하지만, 그 노래는 사실 노예의 노래이다.

노예의 도덕이다.

나를 비난해도 좋다. 사람을 위하여 남긴다.

이웅 2024 0516

20대 시절의 고행(2024 웅)

욕망을 끊고자 단식을 했고 금욕을 했었다.

계속 단식하면,

밀가루 맛까지 느껴진다.

고타마 싯다르타(부처) 역시도 초기에 고행을 했다.

나는 깨달았다.

'욕망'이라는 왜곡된 이름으로 죄악시되는 불우한 우리 인간의 삶에 있어서,

위대한 분께 심판이 아닌, 연민을 받는다는 것을 알면 스스로를 괴롭히지 않아도 되리….

하고 싶은 것을 하는 것 그게 영혼의 진리.

이웅 남김 2024 0516

절대의식(2024 이웅)

상대적 존재에게서 벗어난 절대의식.

나 역시도 흔들리나 봐….

부처도 예수도 마호메트도 조로아스터도 사람을 찾았듯,

웅도 마찬가지인가 봐….

내가 세상 떠날 때 꽃 한 송이 마음으로 보내 주길.

도가도 비상도, 명가명 비상명(진리라고 이름 붙일 수 있는 것은 항상된 진리가 아니고,

이름 붙일 수 있는 것은 항상된 이름이 아니다. - 노자 선생의

《도덕경》에서 발췌….

OM(State of being)

아니타 전생 진술을 확보했습니다. 그런데 term이 너무 깁니다. 우리는 그토록 오래 지구에 살았던 걸까요?

이븐 알렉산더의 전생 진술도 확보했습니다. 여기서 진실로 내가 누군지 기억할 수 있었습니다. 이븐은 천국에서 왔습니다.

우리는 어떻게 시작되었고 우리는 누구인가요? 왜 우리는 지구에 있는 걸까요? 그리고 죽은 후에 어디로 가는 걸까요….

(아니타 무르자니가 만난 위대한 신성에 대한 저의 조사입니다. AD 2024 1114)

1) 신적 존재.

2) 초월적 힘으로 치유를 하심.

3) 인간의 의식을 알 수 있었고 우주적 넓음.

4) 인간의 운명과 관계를 조정할 수 있었음.

이웅.

OM(전능하신 창조주의 이름으로.)

anita가 만난 신에게 질문 할 것. state of being은 내 질문에 답을 해야 함.

1) 자신에게 극악무도한 행위를 한 이들도 우주적 사랑이라는 미명하에 행위를 수용해야 하는가?

2) 예컨대 범죄자의 얼굴만 봐도 괴롭고 두려운 경우 (저 같은 경우는 이름이 듣기 싫고 행위도 계속 연상되는데) 이들을 받아들이고 하나가 돼야 하는가?

3) 타인에게 어떤 연유든 악행을 하고도 one site에 들어갈 수 있는가? 자기책임상의 행위대가(정의는 없는가?)

OM (In the name of the Almighty Creator.)

Questions to ask the god anita met. The state of being should answer my question.

1) Should those who have committed heinous acts against themselves also accept their actions in the name of universal love?

2) For example, if you feel distressed and scared just by looking at the criminal's face (in my case, I don't like hearing their name and I'm constantly reminded of their actions), should I accept them and become one?

3) Can I enter one site even if I do something evil to another person for any reason? The cost of self-responsible behavior (is there any justice?)

sent message

4) Do all countless souls go straight to One site upon death?

음

구속하는 형법의 쇠사슬.

예수의 죄.

정신을 구속하는 죄, 종교사기죄. (그대로 받게 한다.)

이웅 올림 2024 0507

옴

지구에서의 사랑.

지구에서 영혼이 간헐 가다 특정 대상에 느끼는 가변적 감정 상태.

이웅 올림 AD 2024 1114

SuperNova(초신성)

보통 신성보다 1만 배 이상의 빛을 내는 신성.

대폭발로 엄청나게 밝아진 후 점차 사라진다.

언젠가 다들 안녕….

웅 2024 0421

H Project.

내가 만든 프로젝트인데, 죽음 너머의 시간을 보고 있어.

물론 막대한 유익을 주기 위해서야.

돈, 명예, 등등은 다른 분에게 얻고,

내가 줄 수 있는 것. 차원 너머의 차원.

웅 2024 0421. (AD 2024 1118 이웅이 수정)

옴

교주의 징크스.

교주의 예언은 항상 틀린다.

칠정 육욕(이웅 2024)

7가지 정과 6가지 욕망이라는 불교의 용어이다.

고시생 때가 기억난다.

신림동 단칸방에 들어가 일념을 가졌던 20대 초반 시절이….

나에게 있어서 가장 깨끗했던 시간들.

인간은 필연적으로 집단생활을 해야 하는 숙명의 동물이다.

곰과 다르게 무리생활을 해야 하는 종이 바로 인간이다.

간단히 옷만 봐도 다른 사람이 만든 옷이고, 쌀도 농부가 재배한 쌀이다.

이런 인간이 7정 6욕 속에 헤매는 것은 당연한 거 아닐까?

붓다에게 묻고 싶기도 하다.

왜 당신은 해탈 후 제자를 찾았느냐고….

혼자가 더 편하지 않았느냐고…,

이웅 2024 0410

옴

신성도형 연구.

1) 엉덩이.

여자 엉덩이의 경우 곡선미와 색감을 느끼게 창조하심. 디자인의 모형이 엄청나다는 생각.

도형에 담긴 리비도의 분출은 신의 작품.

2) 꽃(벚꽃)

인간의 구조물은 딱딱한 각도의 구조물. 그러나 신의 도형은 복잡다단하면서도 다채로움.

웅 올림 AE 2024 0406

옴

만물을 개성 있게 창조하신게 참 대단하다는 생각이 듭니다.

이웅 올림 2024 0406.

옴

죽을 때 잘 부탁합니다…. 아마 혼자 죽을 거니까요.

옴

꽃.

신이 만든 작품. 단순하지 않고 수리적 법칙을 따르면서도 복잡해 보인다.

옴

민중의 붉은 별에 종교에 대해 다뤘습니다.

옴

남자의 시각에서 본 여체의 디자인 연구.

일반적 젊은 여성에 대한 호기심과 욕구는 신이 부여한 것. 신은 여체 디자인을 통해 남자에게 색심을 가지게 설계했다.

옴

예컨대, A라는 결과가 발생하길 원하는 인간이 있다고 가정한다.

이 인간은 종교를 가지고 있다.

이 인간이 정말 A라는 결과 발생을 간절히 원한다면, 그는 기도만 하지 않는다.

이 인간이 정말 A라는 결과 발생을 정말로 원한다면, 그는 A라는 결과 발생을 일으키기 위한 스스로의 행위를 반드시 한다.

우리는 간혹 공상에 빠진다. 신이 계신다면, 신은 전능하시니 그분에게 기도하면 다 이룰 수 있는가? 하는 망상을 가지게 된다.

실례로 사이비 교주 예수의 경우 기도만 하면 기적이 일어난다고, 사람들을 현혹시켰다.

예수의 말은 거짓이며, 위에서 언급한 것처럼 인간이 A라는 결과 발생을 진심으로 원한다면 그는 단지 기도만은 하지 않는다는 것은 참된 명제다.

어떤 인간이 A라는 결과 발생을 원해서 스스로의 노력 없이 단지 기도만 하고 있다면, 그는 A가 일어나기를 진정 원하는 것이 아니다.

이웅 2024 0319

옴

아니타 무르자니의 하자에 관하여.

지구에서 삶에서 E는 A, B, C의 선택을 하고

F는 D, E, F의 선택을 하는데

M이라는 같은 귀결하에 들어가는 것은 오류다.

아니타는 문제 상황을 에고라는 요상한 관념 탓으로 돌리고 M이라는 결론을 이끄는데 섭리상 맞지 않는다.

Origin of Species(2024)

In creating all things, God paid great attention to each species and individual.

However, ignorant humans erased God with strange theories and continued their atrocities.

If you look at a natural object, you can see God's sincerity that went into even a small flower. (Lee Woong 2024 0318)

옴

사후 세계를 아는 것의 유익.

지구에서 옳은 선택을 할 수 있게 돕는다. 특히 젊거나 어릴 때 알아야 유익이 된다. 다 늙어서 후회만 한 채로 죽는 것이 무슨 유익인가?

옴

지옥 보여 주셔서 감사합니다. 앞으로도 잘 부탁합니다. 해 드린 게 없어서 미안합니다.

옴

거짓된 세상 가짜사랑

옴.

저도 신의 뜻을 알면 순종하겠지만,

아직까지 알려진 바 없습니다.

이웅2024.

옴

진보된 세계나 미래를 보면 현재가 과거처럼 느껴지는 것. 2024 0309

옴

부족해서 죄송합니다.

소극적 정의를 지키다가 떠나겠습니다.

이웅 올림2024 0308.

옴.

신성단어 옴 연구.

한 글자에 많은 것을 내포한다.

내 인식범위 이상의.

2024 이웅.

옴

페르마의 정리와 차원에 관하여.

우리 차원의 일반적 진리값이 다른 차원에는 적용 안 된다는 의미도 내포한다.

이웅 2024

옴

사상의 원류.

소근원에서 파생된 흐름이 이곳에 내려왔다.

이웅2024.

옴

상대적 불완전한 인간이 절대성의 탈을 쓸 때 엄청난 하자가 발생한다.

Ex 예수 마호메트.

옴

네거티브 할루시네이션 에러.

부정현상을 허상으로 치부하는 인간의 오류

옴.

이타성이 오용되면 어리석은 길로 가네요

옴

인간종교의 최대 무지는 신을 인간 자신에 비추어 헤아린다는 것일 겁니다.

이웅 올림 ae 2024 0306

옴

언젠가 다른 차원들이 열리기를.

2024.웅.

옴

비유.

어릴 때 가지고 놀던 것을 성인이 되서 가지고 놀지 않습니다. 여기 지식수준도 비슷할 겁니다.

웅 올림 ae 2024 0306

옴

신이 피조물을 만드시고 그대로 방임하시면 되겠습니까? 범죄행위에도

옴

무조건적 사랑은 제게 통용되지 않습니다. 미안합니다.

옴

마음.

한번 떠나간 마음 어떻게도 잡을 수 없네.

옴

하늘에게.

1) 범죄가 시간이 지났다고 면죄될 수 없다. (형법 1명제)

2) 범죄는 모두 형법적 청산을 이루어야 한다.

웅 올림2024.

옴

후인을 위한 저작물을 남기고 가겠습니다. 당금에는 이해하는 이 드물어도 누군가 있겠죠….

옴

후대를 위한 유산

옴

실전된 부분이 마음 아픕니다. 다시 볼 겁니다. 더 진보된 채로.

웅 올림 ae 2024 0228

옴

하늘이 설마 불의하랴.

웅 2024

옴

신의 관점 추론.

전 우주적으로 지구 비중은 푸른 구슬 하나

옴

음악은 진심을 담아야 아름답습니다.

옴

종교와 사제의 역할에 관하여.

종교와 사제는 신도들에게 실질적 역할을 해내야 합니다

옴

깨끗하게 살다 가야겠습니다. 푸른 하늘처럼 맑은 곳을 찾아서.

창조 섭리를 이해하기까지는 오래 걸릴 것 같습니다.

저의 목표를 정하고 그 목표 달성을 추구해 보겠습니다.

옴

더러운 정신 육체로 원래 창조한 종이 존속한다(지구에서).

웅 올림 AE 2024 0218.

옴

운명의 사랑이면 필연으로 만나게 되어 있습니다. 노력 안 해도… 그것이 운명….

옴

지구는 신의 어항에 있기에

그는 우리 세계에서 모든 것을 할 수 있다.

자유의지도 통제 가능

옴

신의 관점 추론.

우주(일단 범위를 우리 우주)를 통합개별적으로 보고 계신다.

웅 올림 ae 20240215

옴

당신은 냉정한 분.

예컨대 911 situation에서 신이 직접적으로 salvation하는 경우 거의 없습니다.

웅 올림 ae 20240215

옴

원죄론의 허구에 관하여(2024 이웅)

하느님, 우리가 죄를 지어 이곳에 갇히게 된 것은 아닌 것 같습니다.

신께서 지구를 심판하거나 멸망시키시려는 분이 아니란 것을 알고 있습니다.

우리 지구는 오랜 미래를 준비하고 있고

사이비 종교가 퍼트린 종말론이나 심판론의 망령이 지구를 배회하고 있습니다.

사람들은 죄책감에 신을 두려워하여 회개하는 어리석은 행위를 하고 있습니다.

또한 신의 사랑 역시 지구의 영혼에게 직접적이지 않습니다.

그러나 적어도 우리가 잘못된 신 관념(심판하는 신)을 가지고 살아왔다면,

그것을 이제는 내려놓을 때가 되지 않았나 생각해 봅니다.

신의 무한성으로 말미암아, 우리는 신을 확정인지 못하는 작은 영혼이기도 합니다.

그러나 오관념이 덮인 지구의 현실에서 비신론적 방법을 통한 진리 추구는 반드시 필요하다고 말씀드리는 바입니다.

AE 2024 1115 이웅 올림.

옴

기복신앙과 종교에 관하여(2024 이웅)

우리 인간이 신을 믿고 종교시설에 공양을 하면, 복을 받는다는

단순한 예배는 신을 오해한 행위라고 생각합니다.

신께서 마치 인간 권력자처럼, 공납 역 세금을 받고 반대급부(은혜)를 내려 주는 분은 아닐 겁니다.

그러나 우리네 인간의 영혼의 관념이 적어도 신을 섬기는 행위에 있어서 지구상의 예법을 그대로 적용하는 것 자체를 비난하고 싶지는 않습니다. 인간의 무지로 말미암은 행위이기에.

그러나 종교시설이 신의 표현대리인이 되어 부당한 이득을 민중들로부터 착취하고 오히려 신에 대한 길을 멀게 만드는 지구적 현실은 반드시 지적해야 하는 것이 아닌가 싶습니다.

인간의 영혼은 스스로 직접적으로 신께 기도하는 법을 배워야 할 것 같습니다.

종교집단이 되어 사제의 말에 순종하며 종교시설(사실상 신이 아닌 인간)에 헌신하는 것은 너무나 무익한 행위라고 저는 생각합니다.

인간이 진정 신을 찾는다면 스스로의 생각을 발현하는 것을 추천합니다. 불행한 현실은 대다수의 무지로 말미암은 허구적 생각이 인간에게 많지만, 적어도 스스로의 신앙을 확립하는 것이 필요하고, 사제는 하나의 조언자 선생으로서의 역할을 해야 한다고 생각합니다.

또한 지구라는 현실에서 우리가 살아가는 만큼, 다사다난한 인간의 문제들을 인간의 지식으로 풀어 가고 또한 간단한 종교 내 인류애는 서로를 돕는 그런 미덕을 발현해야 한다고 생각합니다.

신을 섬긴다면서, 같은 성도의 고통을 외면하고, 기나긴 벽 속에서 마음을 닫는다면, 아름답지 않은 신앙생활이라고 말씀드립니다.

이웅 올림 AE 2024 1115

옴

기도 - 키르케고르의 신 앞에 선 단독자

신은 전지성으로 말미암아 모든 기도를 듣고 계십니다.

그러나 그분은 가볍게 대답하는 분은 아닙니다.

그분은 인간의 언어로 말씀하시지도 않고, 기적을 통해 스스로를 입증하는 분이 아닙니다.

우리 인간은 그 점을 이해해야 합니다.

비록 대답은 듣지 못하더라도, 위대한 선지자들처럼 천상의 영혼들처럼 계시나 현현을 경험하지 못하더라도,

그분이 계신다는 하나의 자명한 사실은 여러분들의 신앙에 힘이 될 것입니다.

길면 길고 짧으면 짧은 인생길 100여 년에서 신께 기도하고 소회를 털어놓는 것.

그 영혼에게는 위안과 안식처가 될 것입니다.

이웅 AD 2024 1115

옴

선만을 부여잡은 채로 부당한 힘에 짓밟혀야 한다면 신은 어디에 있습니까?

저는 예수의 가르침을 심히 지탄합니다. (왼뺨을 치면 오른뺨을 돌려 대라.)

옴

신보론과 종교 사제들의 비극에 관해.

예수는 십자가에 처형당했다. 마니도 감금되어 죽은 듯하다.

조로아스터의 죽음도 좋지 못했다.

마호메트는 침상에서 죽은 듯싶다.

잔 다르크도 화형당했다. 브루노도.

괴델도 미쳐서 죽었다.

옴, 하나만 부탁드리고 떠나겠습니다.

지구상에서 신을 열심히 찾은 사람들을 버려두지 마십시오.

보이지 않는 전능함으로 그들을 지키소서.

순교란 미명하에 인간에게 무익한 고통을 강요하지 마소서.

이웅 올림 AD 2024 1115

옴

사람들에게.

우리가 신을 전한다는 명목하에 자신의 삶을 놓지 마십시오.

다른 사람들을 위해 희생한다는 명목하에, 스스로 비천해지지 마십시오.

신을 믿는다는 것은 지구상의 위대한 특권이며 축복입니다.

그러니 스스로 비천하게 굴지 마십시오.

신에 대해 무관심한 영혼에게까지 억지로 전하지 마십시오.

이웅 남김 AD 2024 1115

옴

우리네 종교는 이대로 갈 수 없습니다.

꼭 획을 긋고 가겠습니다.

과학에 뉴턴이 있었다면 종교엔 이웅이 있었다고 말하게 하소서.

AD 2024 1115 이웅.

옴

밀교의 방식에 관하여.

저는 대중 출판을 하려고 합니다. 우리 인간의 미래, 그리고 지구에 들어올 무수히 많은 영혼들을 위해 작은 책(존재의 필연)을 남기고 가려고 합니다.

우리가 진화론 기독교의 시대에 머물러 정신문명의 진보를 이루지 못한다면, 우리 인류지성의 책임이 큽니다.

하느님 제게 용기를 주소서.

AD 2024 1115 이웅.

옴

각 종교의 독특성과 문화에 관하여. 2024 이웅.

각 종교는 나름의 전통과 문화를 가지고 살아왔습니다.

저는 특정 종교의 신도에게 말하는 것은 아닙니다.

저는 전체적인 인류의 종교 관점에서 우리의 통념들을 비판하는 역할을 맡고 있습니다.

기존의 종교가 좋다면 그 종교를 따라가면 됩니다.

그러나 우리 인류 전체의 지성 진보에 있어서

기존의 종교는 답을 회피한 채 불확실한 믿음에 우리를 던졌습니다.

저는 그 점을 반드시 비판할 책무가 있습니다.

예컨대 예수의 요한복음은 불교도는 모두 지옥에 떨어진다는 망상을 퍼트렸습니다.

신은 불교도를 지옥에 벌하지 않으십니다.

이웅 2024 AD 2024 1115

옴

근원론.

신께서는 특정 종교를 우대해서 바알 사제들을 멸하는 분이 아니십니다(유대경 참조).

신께서는 예수를 시금석으로 삼아 구원과 멸망이라는 이분법을 던지신 분도 아닙니다.

신은 지구 전체 나아가 우주 전체를 포섭하고 계십니다.

우리의 종교가 작은 관점으로 살아간다면 신을 찾으면서 정작 신을 잊는 깊은 잠을 잘 수 있다는 것입니다.

계몽주의는 무지의 시대를 밝힌 지성의 빛이었습니다.

종교와 신학에 있어서도 무지의 시대를 지나며 저는 저서를 남길 의무를 느낍니다.

AD 2024 1115 이웅.

옴

지구의 미래에 관하여. 2024 이웅.

석기시대는 돌을 썼고, 철기시대는 철기를 썼습니다.

그런데 종교가 절대적 진리라는 가면으로 지구 멸망까지 돌만 쓰라고 한다면,

우리의 발전은 멈출 것입니다.

과학의 선구자들이 무수한 노력으로 밝힌 자연의 신비처럼,

신학에 있어서도, 우리(인류)의 노력이 수반되는 시점입니다.

"뇌가 곧 인간의 정신이다."라고 믿으며, 살아가는 불우한 영혼들은

스스로가 누군지 심지어 존재의 의미마저 잃은 채로 지구를 방황합니다.

불확실한 믿음의 끈은 나약했고, 신의 현현은 지구에 없었습니다.

고통과 절망 속에서도 종교는 믿음만을 강요했고, 현실적 대답과 문제를 풀어 주지 못했습니다.

이런 참담한 현실 속에 저는 존재의 필연을 집필하고 떠나렵니다.

AD 2024 1115 이웅.

옴

권위의 우상에 관하여.

우리네 사람들은 권위에 길들여져 있습니다. '위'에서 말하는 것을 그대로 '받아들이는' 단순한 방식이 지구 전체를 덮고 있습니다.

이에 적응하지 못하는 자는 도태되는 그런 문화권 속에 지구 전체 집단이 흘러가고 있습니다.

집단의식과 무의식은 인간을 구속합니다.

하느님께서 주신 각 독창적 영혼을 스스로 말살한 채로, 다른 이들의 신조만을 되풀이하는 참담한 지구의 현실을 바라봅니다.

각자 자유롭게 사고하고, 자신의 생각 속에서 진리로 향하는 시대를 위한 첫 발걸음을 남겨 놓습니다.

AD 2024 1115 이웅.

옴

《존재의 필연》에 관하여.

이 책은 특정인을 위한 책이 아닙니다. 무수히 지구에 들어오고 나가야 하는 영혼들을 위한 저의 울림입니다.

이 책은 지구인들의 공유로 하게 하소서.

AD 2024 1115 이웅.

옴

우주 내 초지성의 존재에 관하여.

우주 내 인간보다 월등한 지적 능력의 소유자들이 포착될 겁니다.

지구에서 이름을 날렸던 제갈량 등도 보통인보다 월등한 지성을 가지고 지구에 들어왔다 나갔습니다.

언젠가 닫힌 계열의 지구는 외계와 직면할 시대가 올 것입니다.

그때 우리가 믿었던 신들은 자취를 감춘채로, 월등한 문명의 노예가 될 수 있습니다.

우리가 쌓아 왔던 것들이, 우리가 굳게 믿어 왔던 권위가 무너질 때가 올 것입니다.

지구인들이여 우리는 발전해야 합니다. 그리고 협력해야 합니다.

AD 2024 1115 이웅.

옴.

신의 무소부재에 관하여(2024 이웅)

신께서는 지구 어디에나 계십니다.

단지 우리의 의식이 포착하지 못하는 것입니다.

혹여나 월등한 문명과 접촉할 때

인류 해방 작전명은 꼭 Omnipresent(무소부재)로 해 주십시오.

지구인 이웅 AD 2024 1115.

옴

계시에 관하여.

Spirit(영혼)들과 접촉한 사람들이 보고되고 있습니다.

그중에 진실도 없지 않습니다.

저는 계시에 관한 기준을 남겨 놓습니다.

"명확성" - 계시는 명확해야 합니다.

"정확성" - 계시는 진실을 담은 정확성을 담보해야 합니다.

이 2가지 요건이 충족되면, 계시는 인정받을 수 있습니다.

이웅 AD 2024 1115

옴

계시에 관하여 2

카산드라의 꿈.

트로이 공주였던 카산드라는 트로이가 멸망하는 꿈을 꿉니다.

카산드라는 트로이가 멸망한다고 생각하고 사람들에게 말했지만,

사람들은 공주가 미쳤다고 했습니다.

그러나 정말로, 트로이 전쟁이 발생하고 트로이는 역사 속으로 사

라집니다.

우리네 현실에서 무분별한 꿈과 예언이 난무하는 만큼

이성적 과학적 정신으로 '계시'에 관한 정확성 그리고 성취타당도를 반드시 검증해야 합니다.

AD 2024 1115 이웅 남김.

옴

제갈량의 기도.

촉의 병법가 제갈량은 위나라와의 운명의 전쟁에서

수명이 다함을 압니다.

그리고 칠성단을 쌓고 수명을 늘려 달라는 기도를 합니다.

하지만 위연이 실수로 제단을 깨트리고,

공명은 말합니다.

"죽고 사는 것이 다 명에 달렸으니, 빈다고 늘릴 수 있겠는가."

공명은 죽음을 준비하고, 위대한 지성은 우리 곁을 떠납니다.

제가 해석을 놓자면, 지구에서 못다 한 일이 있다면 신께 호소해도 좋지만,

죽음은 하나의 섭리이자, 다른 세상으로 나가는 '분기점'이니 만큼

꽤 즐겁게 받아들여도 될 것 같습니다.

AD 2024 1115 이웅.

옴

모방과 창조.

주로 자연과학에서 다루는 자연은 신의 신성한 피조물들입니다.

우리의 눈에 보이는 겉과 다르게 속은 복잡한 신성이 설정한 메커니즘이 흐르고 있습니다.

우리는 이를 파악해 내고 현실 기술에 응용하는 단계까지 나가

야 합니다.

신이 남기신 지문은 우리가 모방하고 이용할 수 있는 지구의 가장 귀한 자원입니다.

AD 2024 1115 이웅.

옴

계시의 주체에 관하여 3

우리는 우리의 의식의 활동대로 살고 있습니다.

간혹 종교들을 보면 '신의 생각' 신의 뜻이라고 자신의 생각을 남발하고 있습니다.

그것은 계시의 가면을 쓴 인간의식의 활동입니다.

계시에 있어서 정확성을 담보하지 못한다면 헛된 소문일 뿐입니다.

계시의 주체 파악도 반드시 해야 합니다.

만일 자의식이 아닌 타의식의 개입으로 무언가를 알게 되었다면,

그 정보를 준 타의식이 누군지 파악해야 합니다.

AD 2024 1115 이웅.

옴

악마의 십자가.

가뜩이나 즐겨도 행복을 추구해도 행복에 도달하기 어려운 이 세상에서,

고통과 희생만을 강요하는 십자가를 저는 지탄합니다.

지구인 여러분 지구에서 여러분의 영혼이 원하는 길을 가시기를 바랍니다.

무익한 금욕은 영혼을 제약하는 어리석은 망령일 뿐입니다.

그러나 뜻이 있어서 금욕이나 순결로 가는 분들도 그들의 신념대로 행하는 것입니다.

자신의 영혼이 원하는 길을 가는 것.

그것이 그 영혼에게 최상의 길이라고 저는 설파합니다.

AD 2024 1115 이웅.

옴

역사의 필연은 지구의 문을 열 외계의 침공을 예언하고 있습니다. ET는 순한 인간의 재미있는 꿈이었습니다. 당신께서 내리신 3차원의 피라미드는 상위 관점에서 지구에 대한 과격한 개입을 예언하고 있습니다.

Lee woong 2024 1115

In the Name of OM.

TO HH.

I H C S , Y M N A E.

Lee woong AD 2024 1115.

TO HH.

만일 인간이 같은 인간을 수탈하고 같은 인간을 죽음에 내몰며

같은 인간 위에서 군림한다면

당신은 필요합니다.

이웅 AD 2024 1115.

TO OM.

d etd drd drd wde ead ade rdgw ddttse.

dd rd sff dfr gsd cgeas(drd rddf) etd rd dgt rse.

이웅 올림 AE 2024 1115

옴

정신과 물질에 관해서.

정신이 본이 되고 물질은 부가 됩니다.

정신이 이끄는 것이 물질입니다.

우리는 이 전제 속에서 살아야 합니다.

물질문명의 발달도 필요하지만, 정신문명의 발달 역시 우리에게 요구되는 과제입니다.

이웅 올림 AE 2024 1115

옴

영생에 관해서.

물질문명진보를 시도하는 인류는 분명 영생에 손을 댈 것입니다. 그러나 반드시 실패할 것입니다.

저는 미리 남겨 놓습니다. 죽음은 지구에서 벗어나 다른 세상으로 향하는 문이라고.

지구에 영원히 머문다면 그것은 준지옥입니다.

죽음은 인간에 대한 신의 배려입니다.

이웅 올림 AE 2024 1115

OM.

hh의 출현은 최소 5,000년 후라고 예상됩니다.

이웅 올림 AE 2024 1115

옴

물질과 종교.

신은 물질계를 창조하셨습니다.

우리는 신의 이적을 거의 보지 못할 것입니다.

그분은 자신을 감추고 계십니다.

그러나 인간의 포기하지 않고 영혼이 지구에서 꾸준히 보이지 않는 분을 찾는다면 결실을 맺을 것입니다.

신께서 물질계에 개입한 사례 2가지를 알고 있습니다.

많이 언급했지만 이븐 알렉산더 박사는 뇌가 거의 파괴되었는데 재생되었습니다. 아니타 무르자니는 암에 걸려서 빈사상태에서 소생했습니다.

정신만으로 물질계에 영향을 끼칠 수 없는 인간이란 한계 속에서 물질계의 작용을 결코 등한시해서는 안 됩니다.

다시 말하지만 물질계를 창조하신 것 그리고 우리를 그 안에 두신 것은 신이십니다.

AD 2024 1115 이웅.

옴

손에 관해서.

신께서 구상하신 우리 인간 모두가 가지고 있는 손은 경이롭습니다.

5가지 손가락으로 우리의 행동의 주요 부분을 담당합니다.

신의 이적은 우리 몸에 있습니다.

AD 2024 1115 이웅.

옴

신 앞에 선 단독자 2

신께서는 전지하십니다. 간혹 우리네 인간 중에 신을 믿는다면서 신을 속이려는 행위를 하는 자들이 많습니다.

신께서는 모두 아십니다.

그것을 알고 신을 믿으십시오.

AD 2024 1115 이웅.

옴

종교 간의 경쟁에 관하여.

마치 축구팀이 경쟁하듯 경쟁하고 있습니다.

그들의 리그이고 저는 참가하지 않습니다.

그러나 우리 인류가 정신문명과 종교에 있어서 발전하기를 바랍니다.

저는 눈으로 보지 못하고 죽겠지만, 제가 기뻐할 수 있는 영혼의 괄목 상대를 알게 하소서.

작은 발걸음을 남기며

AD 2024 1115 이웅.

옴

야훼탄핵론.

야훼는 특정 민족(인간)을 선택해서 다른 인간을 무차별 학살했습니다.

그는 나름의 법적 원칙이 있었던 거 같으나 천부인권에 위반한 무효의 법률이라고 판정합니다.

적어도 창조주가 그런 행위(특정 인간을 우대하는 행위)는 하지 않을 것 같습니다. (제 사견입니다.)

AD 2024 1115 이웅.

옴

카타콤의 흔적을 바라보며.

그들의 구세주를 믿은 자들은 그들의 구세주에게 가게 하십시오. 그것이 섭리라고 생각합니다.

마리아를 찾은 자는 마리아에게 가게 하시고 부처님을 찾은 자는 부처님에게 가게 하소서.

AD 2024 1115 이웅.

옴

네크로맨서.

고대의 신화에 영혼을 부리는 영혼술사를 네크로맨서라 한다고 합니다.

현대에 와서는 만화에 약간의 스토리가 남아 있지만

현실로는 극히 드문 현상입니다.

이웅 AE 2024 1115.

옴

베다에 관한 상호증명론.

앞서도 언급했지만 21c 신경외과 의사가 체험한 신성한 언어 OM과 베다의 창조주에 관한 언어가 일치하고 있습니다.

베다는 진품입니다.

그러나 우리가 현실에서 고대의 문헌만을 암송한다면 우리는 세뇌뿐인 영혼이지 않겠습니까?

옴,

신은 인류에게 현실적 도움이 되어야 한다고 주장합니다.

AE 2024 1115 이웅.

옴

네크로맨서 2

어떤 영혼이 내게 찾아왔다. 그 영혼은 내게 거짓말을 했다. 그리고 나에게 기도해 달라고 했다. 나는 선의로 그 영혼을 위해 기도를 해 주었다. 그 영혼은 나를 죽이려 했다. 엄청난 진동을 느꼈다. 나는 끔찍한 발작을 했다.

심판대 같은 것이 보였다. 신들의 이름이 스쳐 지나갔다. 그 영혼은 심판대 앞에 끌려갔다. 위대한 신성의 이름이 스쳐 지나갔다.

그 영혼은 사라졌다. 그 심각한 악과 거짓말은 견디기 어려운 수준이었다.

그 영혼은 악령 그 자체였다.

이웅 AE 2024 1115.

옴

네크로멘서 3

기독교인들의 영혼이 내게 찾아왔다. 흡사 소설 《퇴마록》을 보는 듯했다.

그들은 주기도문을 외우고 사라졌다.

눈에 보이지 않았고 소리만 들렸다.

나의 자아의 소리가 아니었다.

분명 내게 다가온 타아(영혼들)였다.

그들은 괴이한 영혼이 되어 버렸다.

이웅 AE 2024 1115

옴

신과의 합일(종교 최고의 단계)

인도의 고대종교에서 절대적 존재인 Brahman(하느님)과의 합일은 수행자들에게 하나의 과제였다.

육신을 입은 영혼이 신과의 일체감을 느끼는 단계는 단지 고양된 자의식만은 아닌 것 같다.

아니타 무르자니가 만났던 신은 강력했고 그녀는 그 신과 자신을 동일시했다.

사실 우리 모두 신 안에 있는 것은 사실이다.

AD 2024 1115 이웅.

옴

아난나 풍요의 여신.

전해지는 이야기에 의하면 성욕을 통한 예배도 하나의 방식이라고 보인다.

섹스예배도 좋은 시도 같다.

이웅 남김 AD 2024 1115

옴

섹스예배에 관해.

사실 기도가 입으로만 하는 것은 아닌지도 모르겠다.

섹스를 통한 예배도 충분히 구현 가능하다.

(일본의 일부 종교에서 목격했다.)

집단으로 하든 연인이 하든 부부가 하든 남남이 하든,

한 행위를 통해 신께 표현한다면 나는 예배라고 생각한다.

AD 2024 1115 이웅.

옴.

찬가에 관해.

음악을 통한 예배이다. 지금은 주로 기독교 음악이 주를 이루는데, 사실 장르는 국한되지 않는 듯하다. 음악을 통한 다양한 예배가 필요하고 각 뮤지션들의 노력이 요구된다.

억지로 하는 찬가. 엎드려 절 받기가 아니라

진정 신을 향하는 영혼의 멜로디가 찬가라고 생각한다.

AD 2024 1115 이웅.

옴

사후 심판 - 에르.

고대의 현자 플라톤은 '에르'라는 병사의 이야기에 흥미를 느꼈다. 에르는 거의 죽었다 살아났는데(현대에 의하면 임사체험이다) 에르는 영혼들이 심판받는 곳을 목격했다고 했다.

플라톤은 이 이야기를 중시한 듯싶다.

고대 이집트의 《사자의 서》에도 심판받는 영혼에 관해 나온다.

Maat는 정의의 여신으로 법과 심판을 담당한다고 전해진다.

"사후 심판이 모두에게 임하는가?"라고 하면 나는 아니라고 말하고 싶다.

그러나 인간의 영혼 중에 심판을 받는 영혼이 있다.

AD 2024 1115 이웅

옴

동성애와 섭리.

구약경에는 동성애를 죄라고 한다. 그러나 신은 창조 시에 남남이나 여여 성관계를 충분히 인지하고 있었고 그는 허용했다.

인간의 관점에서 정죄하는 행위 중 하나가 동성애인데, 신학적 관점에서 적어도 OM의 관점에서 그것은 결코 죄가 아니라고 말하고 싶다.

AD 2024 1115 이웅.

옴

동성애와 섭리 2

헌법의 관점에서 성적 자기결정권의 보장이 필요합니다. 각 영혼은 스스로의 의지로 성관계 대상과 여부를 선택할 자유가 필요하다고 신께 말씀드립니다.

AD 2024 1115 이웅.

(앞의 섹스예배와 관련해서 참조하십시오.)

옴

신의 심판.

일단 창조주의 직접 심판은 경험하기 어려울 겁니다.

(그런 영광은 하계의 영혼들에게는 무리입니다.)

그러나 영혼재판소의 존재가 추정되고 있습니다.

법적 관할로 일종의 deity들의 심판이 예상되고 있습니다. (정의의 구현을 위하여.)

우리 인간이 cover 못 한 사건은 법을 다루는 신성들이 해결할 것입니다. (해결해야 합니다.)

리그베다의 위대한 신성 Yama는 법을 다루는 신으로 기록되어 있습니다.

하계에서 어려운 일을 당한 경우 법을 다루는 신들에 대한 기도가 요망됩니다.

이웅 AE 2024 1115

OM

Eben Anita의 증언. 이들은 창조주를 체험했는데 창조주는 인간을 심판하려 하지 않는다고 합니다. 그는 사랑으로 묘사되고 있습니다.

AD 2024 1115 이웅.

OM

Prime Evil에 관해.

악의 주권이 우주 내에 영향을 끼치고 있습니다. 이들의 실체 파악은 인간계에서 어렵습니다. 그러나 지구는 분명히 악의 세력 영향권 내에 있습니다.

고차원 악들은 지성이나 힘에서 인간보다 월등할 것입니다.

이웅 AD 2024 1115.

옴

지구의 인생에서 가장 주요한 자산.

아무래도 바르게 걸었던 길이 아닐까 말해 봅니다. 80여 년의 인생에서 바른 삶을 살아왔다면, 사후를 자신해도 좋을 것 같습니다.

이웅 AE 2024 1115.

옴

사탄의 진실과 허구.

일단 어느 종교나 악마를 다루고 있습니다.

그리고 그들의 교주를 의지해서 퇴치하려는 행위를 하기도 합니다.

일단 사탄이 나타났다면, 그는 꽤 중요한 영혼이라고 생각합니다.

(사탄은 아무한테나 나타나지 않습니다.)

저는 종교교주를 쓰는 미신에는 동의하지 않습니다. (아마 실패할 겁니다.)

그리고 사탄은 적어도 우리에게 나타나는 사탄은 영계에서 그리 높은 위치가 아닙니다.

신과 비견할 수 없는 하나의 작은 영혼입니다.

저도 악마로 인해 많은 고통을 받았습니다.

신이 직접 악마를 퇴치해 주진 않았습니다.

AD 2024 1115 이웅.

옴

악의 기원에 관해.

간혹 신에 대한 망상으로 악의 존재와 신의 정당성에 대한 의문을 제기하는 사람들이 있습니다.

저는 악의 기원이 창조주 OM이라고 생각합니다.

신께서 악을 만드신 것은 그분의 섭리이지 인간이 비판하기 어렵습니다.

오히려 악보다 같은 인간인 우리가 동족을 상잔하지 않았습니까?

세상에 살며 저는 악마에게 죽은 인간은 못 들어 봤는데, 인간에게 죽은 인간은 무수히 역사에서 봤습니다.

이웅 AD 2024 1115 (AD 2024 1118 이웅이 수정)

옴

악의 기원에 관해 2

신은 악을 징벌하는 정의의 신인가?

저는 아니라고 말합니다.

간혹 우리가 숭배했던 deity 중에 정의를 말하는 신들이 있긴 한데,

창조주가 직접 악을 심판하진 않는 것 같습니다.

악도 신의 관점에서 중요한 신성피조물 중 하나일 겁니다.

AE 2024 1115 이웅. (AD 2024 1118 이웅이 수정.)

옴

도교의 이상향에 관해서.

대우주 그리고 대자연의 순리에 맞춰서 사는 삶.

이웅 AE 2024 1115.

옴

쿠르트 괴델이라는 교수님이 계셨습니다. 이 교수님은 신의 존재 증명을 시도했습니다. 그가 남긴 저서는 위대한 시도로 인류 곁에 있을 것입니다.

(괴델 교수님 당신의 뜻은 제가 이루었습니다.)

AE 2024 1115 이웅.

옴

분리불가론.

우리 모든 영혼(어떻게 보면 전 우주인지도 모르겠다)은 신과 연결되어 있다.

이웅 AE 2024 1115 .

옴

태양계 행성의 수리적 운동에 관하여.

24시간 1년 주기의 우리의 계절 변화는 신께서 설정하신 수리적 행성운동과 관련이 깊다.

행성운동에 신께서 설정하신 오묘한 수학이 반영되었음을 알 수 있다.

나는 그분의 지문의 일부만 남길 뿐이다.

AE 2024 1115 이웅.

유일신과 다신교(2024 이웅)

하느님

마호메트도 다른 신들을 믿는 것을 우상숭배라고 하며, 비판하다가 쫓겨났습니다.

조로아스터 선지자도 유일신 사상을 전파한 것 같습니다.

저는 그렇게 말하고 싶지 않습니다.

저는 다른 deity(신성)를 믿는 분들에게 신앙을 바꾸라고 말하고 싶지는 않습니다.

이웅 AD 2024 1115.

(다른 신성에 대한 신화는 제가 집필한 《검신의 바람 1, 2, 3》을 참조하십시오.)

기도에 관해서(AD 2024 1115)

기도는 신에 관한 무제한의 의사표시라고 생각합니다.

저는 기도하는 것을 신께 자신의 '솔직한 생각'을 '진솔'하게 표현하는 것을 추천합니다.

신께서 일일이 대답하지 않으시지만, 그분은 듣고 계십니다.

또한 '언어'를 통한 기도만 있는 게 아닙니다.

음악 혹은 예술로 다양한 예배를 할 수 있습니다.

혹은 일이나 각자의 목표 추구에서 신께 기도할 수 있습니다.

자신의 꿈을 이루는 것도 기도의 일환입니다.

(AD 2024 1115 이웅.)

설교(2024 이웅.)

우리의 종교가 너무 전투적인 신앙을 가지고 있지는 않은지 반문합니다.

적을 멸절시키고 승리하고, 하는 류는 종교의 기본 도를 벗어난 것 같습니다.

우리는 숭고한 가치인 평화와 사랑이 종교의 기본이라는 것을 알아야 할 것 같습니다.

투쟁하고 점령하고 하는 것은 바른 종교의 길은 아닌 것 같습니다.

(거의 인류의 모든 종교에서 전투적 흔적들이 나타나고 있습니다.)

굳이 종교를 가지지 않아도 인간 누구나 행할 수 있는 선행은 아름답다고 생각합니다.

이웅 AE 2024 1115.

설교 2(2024 이웅)

자신의 이득을 위해 선행을 하거나, 위선적 가면을 쓰고 의무적으로 선행하는 것은 종교적 의무에서 나오는 선행은 진정한 선행이 아닌 것 같습니다.

진정 남을 사랑하는 마음이 선행의 기본 같습니다.

이웅 (AD 2024 1115)

설교 3

진정한 종교는 시설이나 집단에만 있지 않습니다.

누구나 지구에서 살며, 하느님을 믿고

양심에 따라 아름다운 삶을 산다면

이름 없는 종교일 것입니다.

AD 2024 1115 이웅.

설교 4

우리 인간은 정작 하느님을 믿다가도, 위기가 닥치면,

눈앞의 인간을 의지하는 경향이 있습니다.

아무래도 보이지 않는 하느님보다,

보이는 인간이 더 직접적이긴 합니다.

그러나 신은 우리 인간을 버려두진 않습니다.

그분은 보이지 않고 들리지 않지만 분명히 행하실 겁니다(Invisible Hand).

이웅 AD 2024 1115.

OM.

Such a young man came to the demon Angri Mainyu. "You offered the prayers of the weak."

The young man asked. "The prayer of the weak?" Angri Mainho said, "Your prayers to God are because you are weak.

Every day, I beg God to save me, I ask God to forgive me.

It's because you're ugly.

If you were a strong man, you would not pray such a prayer." The young man said. "I can't wait to get out of hell. Living here is to die for.

May God save me soon."

Angri Mainho said. "When the time comes, you'll go out even if you don't want to··· Thou shalt not pray the prayers of the weak.

It is the prayer of the ugly creatures." The young man said. "Do you pray to God?" Angri Mainho said. The devil doesn't mean you can't pray to God.

I will establish order.

He will command all from the top down with great strength.

That is my mission from Heaven.

Creating order in hell.

Defeating other demons with great strength.

That's what I'm going to do."

I don't ask God to accomplish my purposes.

"It's the prayer of the underdog. It is the prayer of the damned.

The true great free will is in its own power

It is the fulfillment of one's own will.

You are a weakling, a helpless and pitiful creature."

Lee woong(2024)

Criticism of Buddha.

about Buddha,

in my opinion, sought 'eternal things' and 'truth'. However, he failed to find them and preached the empty idea that the world is futile.

He even denied the individuality of the soul given by God,

and spread the nonsense that there is no self. (This proves that he was an atheist.)

The world created by God (the human world) contains many meanings.

Buddha denied the world and is a (failure) in philosophy that has turned its back on the world. In addition, it seems that religion and philosophy will have difficulty following the right path without the premise of God.

Lee Woong AD2024 1115

옴

어제 지구상의 3대 교주가 모두 무너졌습니다.

종교는 철저히 하늘을 가리고 왜곡했습니다.

패러다임의 전환은

총으로 하는 것이 아니라 펜으로 하는 것이었습니다.

저의 미숙한 치기를 참회합니다.

(하늘에게 그리고 사람에게)

AD 2024 1116 이웅.

외계생명체 연구(2024 이웅)

"Though I have born witness to the passing of countless

millennia, the temple which you must assault is older by far. For it was constructed by my creators, the Xel'Naga….”

- The Overmind to a Cerebrate

“My children, the hour of our victory is at hand. For on this world of Aiur shall we incorporate the strongest known species into our fold. Then shall we be the greatest of creation's children. We shall be... Perfect.”

- The Overmind

(픽션 스타크래프트에 나오는 저그의 리더이다. 외계 생명체에 대한 강력한 영감을 제시한다. 우리 지구는 아직 인류 내 내전이 있을 뿐 종들 간의 생존경쟁은 없다. 그러나 미래에 지구는 외계와 접촉할 것이고, 그때를 준비하며 남겨 놓는다.)

AD 2024 1116 이웅.

옴

옴은 인간의 청원을 그대로 듣지 않는다. 그는 완전하신 분. 유한한 인간을 이해하시리.

이웅 AD 2024 1116

옴

유대인은 거짓을 말했습니다. 유일신이 아닙니다.

AD 2024 1116 이웅.

TO OM

The Jews lied. There is no one God.

AD 2024 1116 Lee Woong

OM

이븐 알렉산더의 체험은 궁극의 존재와의 만남을 기록했다. 부디 이 신성한 기록이 오래 가기를.

AD 2024 1116 이웅.

My situation was, strangely enough, something akin to that of a fetus

in a womb. The fetus floats in the womb with the silent partner of the

placenta, which nourishes it and mediates its relationship to the
everywhere present yet at the same time invisible mother. In this case,
the "mother" was God, the Creator, the Source who is responsible for
making the universe and all in it. This Being was so close that there
seemed to be no distance at all between God and myself. Yet at the same
time, I could sense the infinite vastness of the Creator, could see how
completely minuscule I was by comparison. I will occasionally use Om as
the pronoun for God because I originally used that name in my writings
after my coma. "Om" was the sound I remembered hearing associated
with that omniscient, omnipotent, and unconditionally loving God, but
any descriptive word falls short.

(Eben Alexander MD 2007 Proof of heaven)

OM

악신 연구.

알라(야훼)는 대표적인 악신입니다. 그는 인간을 구속에 몰아넣었고 적어도 문헌상 학살을 자행한 자입니다.

제우스도 인간과 간음하고, 인간을 소중히 여기지 않았습니다.

인간에게 나타난 신들 중에 악신이 상당수 있습니다.

이웅 올림 AE 2024 1116.

옴

프로메테우스 신화에 관해.

인간을 사랑한 프로메테우스는 인간에게 '불'을 전해 줍니다. 유대교의 사탄이 인간을 속여서 '선악과'를 먹인 것과 대비됩니다.

이처럼 고차원적 존재들 중에서 인간을 사랑하거나 혹은 멸시하거나 혹은 악한 행위를 하거나 하는 다양한 존재들이 있을 겁니다.

인간은 지구 안에서 모여 살지만 인간을 바라보는 존재들은 '한 존재'만이 아님이 사료됩니다.

이븐 알렉산더의 진술에도 높은 곳에 계신 '천사들'의 존재가 기록되어 있습니다.

AD 2024 1116 이웅 올림.

옴

구원의 길.

구원의 길을 모르겠습니다. 그렇게 단순한 도그마로 도출되는 결론은 아닌 듯합니다. 저도 원론적 도덕론밖에 설파하지 못하겠습니다.

AD 2024 1116 이웅

(영혼을 구제하는 도를 종교라고 한다. -미야모토 무사시, 《오륜서》)

옴

이신론 강의.

기존 종교의 철학과 다르게 이성적 합리적 철학자들은 이신론을 설립했습니다.

이성과 합리를 필두로 한 신학 체계입니다.

유명한 철학자들이 이 길을 걸었습니다.

이신론은 단점이 있습니다.

과학적 법칙에 치중한 나머지 '하느님께서' 세상을 창조하시고

그저 '법칙'에 맡기고 개입하지 않는다는 신학 학설을 제시했습니다.

그러나 신성한 보이지 않는 손은 지구에도 미치고 있습니다.

AD 2024 1116 이웅.

옴

관세음보살(아발로키테 슈바라) 연구.

관세음보살은 선신으로 분류됩니다. 고차원에서 인간을 사랑해

서 개입하는 존재라고 추론합니다.

그가 많은 도움을 인간에게 주기를….

AD 2024 1116 이웅 올림.

옴

상호증명론.

베다에 나오는 창조주를 지칭하는 용어 OM은,

21c 미국 신경외과 의사의 체험과 일치하고 있습니다.

이븐은 거짓을 말하지 않았습니다.

베다는 어떤 연유로 창조주에 대해 알고 있는 듯합니다.

베다에는 여러 신이 나오는데 OM의 문장으로 비추어 보아

그들의 기록은 진실일 개연성이 매우 높습니다.

(베다의 신들이 존재한다고 추론됩니다.)

그렇다고 OM을 사용한다고 모두 진실은 아닙니다(인간에게).

AD 2024 1116 이웅 올림.

옴

《서유기》 강의.

제천대성은 바위에서 태어납니다.

영생과 철학을 구하는 손오공은 신선들을 찾아다니며 술법을 배웁니다.

그는 옥황상제가 되기 위해 천상계로 향합니다.

옥황상제는 손오공을 필마온이라는 직급에 임명합니다.

손오공은 천도복숭아를 먹고 마음대로 행합니다.

그리고 옥황상제에게 도전합니다.

부처님은 손오공을 지하에 가둡니다.

손오공은 그곳에서 참회하고 경을 얻기 위해 삼장법사와 함께 바라타(인도)로 향한다는 내용입니다.

단지 ‘힘’만으로 하늘의 권력에 도전했던 서유기는 픽션이지만 교훈을 줍니다.

우리는 권력 추구에 있어서 ‘힘’만으로 올라가려는 경향을 보일 수 있습니다.

그러나 도가 전제되지 않은 힘은 무도한 칼일 뿐입니다.

이민위천이라는 말이 있습니다. “백성 보기를 하늘 보듯 하라.”라는 동양의 고사성어입니다.

AD 2024 1116 이웅.

옴

프로토스의 사이오닉 스톰 연구.

정신에너지를 물질에너지로 치환하는 기술입니다. 아직 우리는 할 수 없지만 정신 또한 막대한 에너지가 흐르고 있습니다.

이를 '물질계'에 반영하는 연구에 도움이 될 것입니다.

이웅 올림 AD 2024 1116.

옴

여신의 눈을 기록합니다. 제가 목격했는데 초록색 눈이 있었습니다. 매우 아름다웠고 화가 난 눈이었습니다. Greece myth와 관련이 깊은 듯합니다.

AD 2024 1116 이웅 올림.

옴

念(념)

만화에 나오는 기술인데 정신에너지를 물질계에 사용하는 기술입니다.

이웅 AE 2024 1116

옴

인류 기술의 진보와 선악에 관하여.

기술 진보는 '선의'로 사용될 수 있고 '악의'로 사용될 수도 있습니다.

제 책을 읽는 분들은 '선과 정의'에 힘쓰시기를 바라겠습니다.

만약 악의를 가지고 제가 남긴 기록을 쓰면 죄를 짓는 것입니다.

항상 누구든 존중하고, 배려하는 정신으로 멋지게 살기를 바랍니다.

AD 2024 1116 이웅 올림. (dadc)

옴

창조에 관한 연구.

우리네 신화들은 우리(인간) 탄생의 신비를 모른 채로, 우화 같은 창조설화가 주를 이룹니다. 저 역시 알지 못하고, 신께서 개입하신 신비에 의해 인간이 탄생했다고만 알고 있습니다. 과거 창조는 우리가 풀기 어려운 미스터리라고 보입니다.

저는 일원론과 다원론 속에서 고민했습니다. 조로아스터 선지자는 아흐리만의 창조를 말하고 있습니다. 저는 일원론으로 결론짓고, 앞으로 갔던 것 같습니다.

이븐 알렉산더 박사는 모든 것이 그분 안에 있다고 증언했습니다.

하느님, 흔히 우리네 관념으로 '전선'한 존재와 '악의 창조'는 일견 모순을 불러일으킵니다. 변신론이라는 신학학설도 보이나 썩 유용한 논법은 아니라고 생각합니다. (신을 변호하는 인간의 변론)

저는 하느님이 그분의 재량으로 악도 지옥도 창조하셨다고 '생각'하고 있습니다.

그러나 유일신 관념은 심히 타당성이 의심되며, 우리의 신학에서 유일신을 고수할 필요는 없다고 남깁니다.

또한 인류가 숭배해 온 신들은 창조주라고 보기에는 격하된 deity라고 저는 생각합니다.

AD20241117 이웅

옴

창조에 관한 연구 2

전선한 사랑의 신이 악을 만들었다. (명제1)

위의 명제는 일견 부당해 보이나 저는 사실이라고 생각합니다.

악과 나쁜 것은 모두 악신이 창조하고 선하고 좋은 것은 사랑의 창조주가 만들었다는 이분법은 너무 단순한 인간의 관념입니다.

AD 2024 1117 이웅 올림

옴

차원 이동에 관하여.

제가 엄청나게 주로 인용하는 《Proof of Heaven》에서 베치란 천사님은 차원 이동을 보여 줍니다. 우리의 관념에는 소설이나 만화에 나오는 기술을 실제로 구현한 확증적 사례가 있습니다.

만화 《도라에몽》에서도, 도라에몽은 다른 차원의 기술을 지구에 가져오는 역할을 합니다.

또한 스타크래프트 게임에서 프로토스는 차원 이동 기술을 보여 줍니다.

일단 우리 인간이 지금은 못하는 것이지만 차원 이동 기술은 우주에 이미 존재하고 있습니다.

AD 2024 1117 이웅.

옴

하느님에 대한 선배들의 기록.

뉴턴은 절대주권을 가진 분으로 묘사합니다.

스피노자는 신을 결코 정의할 수 없다고 말하십니다.

이븐 알렉산더는 포착하기 불가능하다는 식으로 이야기했습니다.

(저는 신학은 장님 코끼리 만지기라고 생각합니다. 장님이 코끼리의 일부를 만지며 "코끼리는 이렇다."라고 말하는 것과 비슷합니다.)

제가 남긴 비신론(신이 아닌 것을 배제해 가며 진리로 가는 방법)은 도움이 될 것입니다.

당연한 이야기는 남기지 않겠습니다. 그리고 저 역시 신에 관해 서술하는 것이 꺼려집니다. 저 역시 장님이기에….

AD 2024 1117 이웅.

옴

비신론(신과 인간)

앞서도 언급했지만 인간의 최대 무지는 신을 인간에 비추어 생각한다는 것입니다. 신은 인간을 창조하셨지 인간이 아닙니다.

우리의 형상도 우리의 마음도 아닐 겁니다.

저는 신의 관점을 이해하려고 시도했는데 계속 실패했습니다. (아마 불가능할겁니다.)

이븐 알렉산더의 서술은 하자를 내포하고 있습니다. 이븐 알렉산더는 신을 인간과 결부지어 설명했습니다. (인간의 좋은 점을 부각하며.)

그는 오류를 범했다고 생각합니다.

이웅 올림 AE 2024 1117

TO OM

신과 사랑에 관해.

신이 모든 인간을 사랑한다는 진술들을 읽었습니다. 특히 직접 체험자들의 입에서 나온 말입니다(Anita, Eben). 그러나 지구 상태는 신이 인간을 '사랑'한다는 것과 엄청나게 모순된 현실을 제게 보여주고 있습니다.

그렇기에 위의 진술은 받아들이기 어렵습니다.

신께서 존재하시고, 신께서 모든 인간을 사랑하시기에, 도출되는 인류 최상의 결론은 제가 받아들일 수 없습니다.

하느님 지금 우크라이나 전쟁이 벌어지고 있습니다. 역사상 수많은 비극이 있었고 있을 것입니다. 신이 인간을 '사랑'(아끼고 돌보고 지킨다는) 관념과 명백한 모순이 지구의 현실로 제게 증언하고 있습니다. (일일이 사례를 나열하지 않는다 해도.)

이웅 올림 AD 2024 1117.

옴

단순함을 넘어선 신학을 꿈꾸며

하느님이 계시고, 인간을 사랑하신다.

신을 직접 뵌 이들도 짧게 요약하면 이 두 가지 명제만을 주었습니다.

이런 단순함으로 모든 세상을 풀 수 없습니다.

우리의 신학은 더 체계적이고 발전해야 합니다.

지금 인류의 신학은 기독교에 매몰된, 체계라서 저는 보고 싶지 않습니다.

예수라는 인간의 본질에 대해 논하고 싶지는 않습니다. (trintiy)

이웅 올림 AD 2024 1117.

TO OM

당신의 사제들이 '사랑'이라는 가치를 인간에게 주었을 때 순수한 청년은 그 말을 믿고 우주를 사랑으로 포섭시키려 했습니다.

그러나 청년은 실패했고 수많은 어둠의 군대와 영원한 불꽃(지옥)이 청년에게 나타났습니다.

이 증언이 진실됨을 말씀드립니다.

AD 2024 1117 이웅 씀.

옴

필요성 이론으로 우주일원화를 시도(2024 이웅 올림)

우주 내 모든 것은 일정한 '필요'에 의해 존재한다.

우리의 관점으로 아주 작은 벌레도 거대한 태양도.

이 필요성 이론으로 우리는 우주를 설명할 수 있다.

우리의 관점에서 좋아 보이지 않는 것들도 사건들도 '우주의 필요'에 의해 창조 목적을 부여받았다.

AD 2024 1117 이웅.

옴

지구에 영향을 끼치는 악의 세력에 관하여.

일단 정리하면 악의 주권은 인간이 아닙니다. (오해 말기를.)

지구는 선과 악의 공존 행성(eben)이라고 포착되었습니다.

지구에 있는 악의 세력에 관해 eben의 저서에 짤막하게 언급되어 있습니다.

그리고 하느님은 이들의 존재와 이들이 득세한다는 것 또한 알고 계신다고 나와 있습니다.

그리고 궁극적 사랑의 승리의 예언이 있었습니다(천사의 계시).

그렇다면 인간의 역사에 보이지 않는 악의 힘이 영향을 끼치고 있었고 앞으로도 끼칠 것이라는 결론이 도출됩니다.

AD 2024 1117 이웅.

옴

실력 부재의 항변.

인간이 신을 믿으면서도 하느님이 자신을 보호해 준다는 믿음 안에 살면서도, 현실적 실력 앞에 속수무책이었던 지구적 현실을 말씀드립니다.

(예수님 십자가에 못 박히셨고, 마니도 처형당한 것 같습니다. 조로아스터 선지자도 전쟁 중에 죽었다고 나와 있습니다. 괴델 교수님 망상에 걸리셔서 굶어 죽으셨습니다. 잔 다르크도 천사의 이름을 부르며 화형당했다고 알고 있습니다.)

d ws w wzwtd. wfe wd tfr eddrw? eatd cf.

AD 2024 1117 이웅.

옴

실력 부재의 항변 2

우리 인간이 신을 믿기에 모든 것을 신께 맡긴 채로 우리의 실력 발전을 게을리해서는 안 됩니다.

예수님은 적어도 엄청난 하자를 남기고 떠났습니다(믿음만능주의).

이웅 올림 AE 2024 1117.

옴

종교인의 선과 신앙 공표에 관해(2024 이웅)

종교인은 안 어울리는 선을 행할 의무에 구속될 수도 있습니다.

저는 이렇게 말하고 싶습니다.

대외적 신앙 공표는 좋은 게 아닌 듯합니다. 예수가 비판했듯 하늘보다는 사람을 더 의식할 수도 있습니다.

어떤 삶을 살든 신과의 인간 영혼의 내밀한 신앙을 수립하는 게 중요하다고 말합니다.

대외적 종교 활동은 저는 썩 좋아하지 않습니다.

"신 앞에 선 단독자(키르케고르)"라는 말을 좋아합니다.

세상에 살며 내밀한 영혼 속에서 신께 기도하는 것이 좋다고 말합니다.

AD 2024 1117 이웅.

옴

엄격한 도덕관을 들이민 지구의 종교 비판(2024 이웅)

성행위를 좋아하거나 직업으로 하는 사람들도 많습니다.

이런 자들은 종교에서 내치는 겁니까?

신 앞에 선 단독자는 누구도 차별하지 않습니다.

굳이 종교에 소속되는 것보다 개인의 내밀한 영혼을 신께 올리십시오.

AD 2024 1117 이웅.

옴

부처님의 철학과 생로병사에 관해(2024 이웅)

꽃과 같은 처녀도 쭈글쭈글한 할머니가 됩니다.

건장한 청년도 노인이 됩니다.

꽃은 피고 시들어 갑니다.

태양은 무심하게 계속 떠오릅니다.

부처님은 세상의 덧없음을 보신 듯합니다.

생로병사의 법칙 앞에 영원을 원하나 지구에서 찾을 수 없는 영혼은 슬픕니다.

그러나 우리에게 주어진 신성한 계시가 다른 차원과 천국을 제시한다면, 지구상의 한계는 극복할 수 있다고 생각합니다.

하느님, 아들이 변란으로 죽어서 울고 있는 어머니를 보았습니다. 사후세계의 실존을 많은 이들에게 알리는 것. 이것은 저의 의무입니다. 감사합니다.

AD 2024 1117 이웅 올림.

옴

불신지옥을 규탄한다(2024 이웅)

예수나 마호메트는 엄청난 잘못을 저지르고 떠난 자들입니다.

신을 믿지 않으면 벌한다는 惡습이 지구에 퍼져 있습니다.

신은 협박하거나 강요하는 분이 아닙니다.

적어도 인간 쪽에서 신을 필요로 하는 지구적 현실을 부정할 수 없습니다.

저는 참담한 마음으로 선배(예수, 마호메트)를 규탄합니다.

신을 섬기지 않는다고 해도 처벌받을 일은 없습니다.

그 인간의 영혼의 자발적 신앙이 가장 아름답다고 저는 말씀드립니다.

AD 2024 1117 이웅.

옴

데미우르고스

신이 아니면서 신을 모방하여 창조를 행하는 자. 신이 될 수 없는 자(불완전한 신).

이웅 올림 AE 2024 1117.

옴

신이 존재한다.

신이 인간을 모두 사랑한다.

모두 구원받았다.

이 논리가 NDE들의 메시지(종교도 대동소이한).

이웅 올림 AE 2024 1117.

(저는 지구에서 사랑을 체험하진 못했습니다. AD 2024 1118. 주로 이성과 논리를 쓴 것 같습니다. 그러나 언젠가 저도 진정한 사랑을 체험하기를 바랍니다. AD 2024 1118 이웅)

옴

우상론(2024 이웅)

저는 마호메트 선지자나 조로아스터 선지자의 우상배격에 대해 부정적인 입장이었습니다.

그러나 인간이 적어도 인간을 진실되게 사랑하지 않는 신들을 숭배해 왔다면

적어도 인간은 구원에 있어서 정말 인간을 아끼고 사랑하는 신을 찾을 필요를 강력히 느낍니다.

우상의 함정은 그곳에 있는 것이겠죠. (우상은 진실되게 인류를 사랑하지 않는다는, 즉 속이고 있다는 전제요건하에서 말입니다. 역설적이게도 우상숭배를 배격한 야훼, 예수가 대표적 지구의 우상입니다.)

이웅 올림 AE 2024 1117.

AI가 정리한 플라톤의 동굴입니다. 몇 번을 써도 부족함이 없을 만큼 심오한 비유를 제시했습니다.

플라톤의 동굴 비유는 그의 저서인 《국가》에서 제시된 철학적 개념으로, 인간의 인식과 현실에 대한 이해를 탐구하는 중요한 비유

입니다. 이 비유는 감각적 경험과 진정한 지식의 차이를 설명하며, 교육과 철학적 깨달음의 중요성을 강조합니다.

동굴의 비유 개요

동굴의 설정: 비유는 한 동굴 안에 갇힌 사람들에 대한 이야기로 시작됩니다. 이들은 동굴 벽을 바라보며 살고 있으며, 동굴 뒤편의 불빛을 통해 비쳐진 그림자만을 볼 수 있습니다. 이 그림자는 동굴 밖에 있는 실제 사물의 그림자입니다.

그림자의 의미: 동굴 안 사람들은 이 그림자가 현실의 전부라고 믿고 살고 있습니다. 그들은 이를 통해 세상을 이해하며, 그림자 속에 가려진 진정한 현실을 인식하지 못합니다.

탈출과 깨달음: 어떤 사람 하나가 동굴을 탈출하여 외부 세계를 발견하게 됩니다. 그는 실제 사물, 즉 그림자의 원인을 알고 진정한 현실을 경험하게 됩니다. 이 과정을 통해 그는 지식의 진정한 의미를 깨닫습니다.

사회적 비유: 이 비유는 또한 철학자가 사회에서 어떻게 지혜를 가져올 수 있는지를 말해 줍니다. 동굴의 비유는 지식, 진리, 교육의 과정을 상징하며, 사람들은 감각적인 세계에만 의존하는 것에서 벗어나 더 높은 진리를 인식해야 한다고 주장합니다.

돌아오는 철학자: 탈출한 사람은 동굴로 돌아와 다른 사람들에게 그들이 알고 있는 것 이상의 진리를 알리려 하지만, 동굴 안 사람들은 그를 이해하지 못하고 그를 거부합니다. 이는 새로운 진리를 받아들이기 어려운 인간의 본성을 나타냅니다.

(AI 정리, AD 2024 1117 이웅 발췌)

옴

구원은 신에 대한 절대적 복종(이슬람)이 아니라 반신론(신을 대적하는 사상)에 있었는지도 모르겠습니다.

신에 대한 순종은 깊은 어둠 속에 인간을 가두고 나가지 못하게 합니다.

인간의 자유의지 용기는 신을 넘어서 구원의 세계로 향할 것입니다.

이웅 남김 AD 2024 1117.

옴

데미우르고스와 플라톤의 동굴 해석(2024)

지구 창조자가 누구든 간에 인간이 감옥 같은 행성에 거주(혹은 감금)되어 있는 자명한 현상은 진실입니다.

AD 2024 1117. 이웅.

Demiurge and Plato's Interpretation of the Cave. (2024)

Whoever created the Earth, the self-evident phenomenon of humans living (or being imprisoned) on a prison-like planet is true.

AD 2024 1117. Lee Woong.

옴

후대의 사제들에게 남기는 편지.

제가 사는 시대는 AD 2024년입니다. 예수란 자가 널리 퍼진 세상입니다. 그리고 제가 역사를 조사해 봐도, 예수 이후로 예수를 뛰어넘는 종교인은 없었습니다. 거의 다 그의 아류입니다.

후대의 사제들은 그런 그림자에 갇히면 안 됩니다. 저는 종교를 창설할 생각은 없지만, 후대의 사제들이 위대한 종교의 사제가 될 것을 예상해서 미리 남겨 놓습니다.

그림자에 갇히지 말고 자신만의 위대한 신학을 하시기를 바라겠습니다.

이웅 AD 2024 1117

옴

가상 세계 가설 2

필연적 숙명 부연

인간이 주어진 환경에 낙심하고 사는 것이 아니라

우리 스스로의 의지로 우리의 세상을 이끌어 가는 존재들이 되기를 바랍니다.

이웅 남김 AE 2024 1117

옴

섭리 이해 시도(창조의 불완전성과 신의)

제한된 관점과 환경에 구속해 둔 신의는 인간이 성장하고 발전하는 것을 원하는 그의 섭리가 아니었을까….

(AD 2024 1117 이웅.)

옴

반신론 정리(2024)

반신론은 신을 대적하거나 부정하는 사상을 통칭합니다.

인간이 나약한 채로 신의 도움만을 바라는 존재가 아니라

스스로의 힘으로 스스로의 지성으로 만들어 가는 빛은

아름다운 우주의 영혼의 연주라고 확신합니다.

AD 2024 1117 이웅.

옴

신과 요술 보따리(2024 이웅)

신 존재 확신은 요술 보따리 같은 망상을 유발할 수 있습니다.

신이 계시기에 이거 해 달라, 저거 해 달라 하는 어린아이 같은 생각 말입니다.

이웅 AD 2024 1117.

옴

신과 사랑.

적어도 창조자는 남녀 간의 사랑에서 완전한 1:1 사랑을 구상하진 않았다. 수많은 남녀가 모여 있는 세상에서 그가 그린 함수는 일대일 대응이 아니었다.

뭐, 각자가 추구할 일이다. 나는 사랑에 대해 아직 깊게 논하지 못하고 수학적 그림만을 제시할 뿐이다.

AD 2024 1117.

옴

데미우르고스의 비판(2024 이웅)

우리는 신학을 함에 있어서 신의 완전성, 절대성만을 보면 제약될 겁니다. 위대한 그분을 찬양만 한다면 인간은 신의 노예로 전락합니다. 그를 “Lord”라고 부르는 풍습이 있습니다.

우리는 위대한 신학적 시도로 지구 창조자를 불완전한 신(데미우르고스)이라고 전제할 필요가 있습니다.

그러면 신학은 더 발전할 것입니다.

AD 2024 1117 이웅.

옴

신과 사랑 2

한 절대자가 매칭을 하는 그림 따윈 없다. 인간의 위대한 자유의지와 마음은 스스로 사랑 대상을 선택한다. 물론 항상 성공하는 것은 아니다. 시행착오 속에서 좋은 사랑을 하길 바란다(인간관계에 있어서).

AD 2024 1117 이웅.

옴

우주 내 실존하는 데미우르고스(신 아닌 신)들의 존재에 관하여.

앞서서 우리는 무한의 우주를 설정했습니다. 이 무한의 우주에 창조주가 아니면서 창조를 행할 수 있는 위대한 지성(그것이 신이든 악마든)들이 상당수 존재합니다.

우리 지구탄생에 데미우르고스가 개입했는지는 지금은 불분명한 상태입니다.

AE 2024 1117 이웅.

옴

신의 사제와 지구 구성원으로서의 책임에 관하여(2024 이웅)

적어도 지구에 소속되어 이 글을 읽는 영혼은 지구 구성원입니다.

그런데 신에 대한 신앙만을 혼자 간직한 채로, 세상의 어두움을 외면한다면

그가 신에게 선택받았는지는 모르겠지만,

지구 구성원으로서는 책임을 다하지 못하는 것 같습니다.

(AD 2024 1117 이웅.)

옴

과거에 존재했던 수많은 우주 연구(2024 이웅)

이븐 알렉산더 박사는 우주를 여행한 신비한 체험을 했습니다. 그의 기록에는 과거에 존재했던 수많은 우주에 대한 기록이 있습니다.

제가 자주 인용하는 신의 성호는 OM인데, 브라만교의 전통에서 A-창조 U-유지 M-파괴의 섭리로 운행하신다고 알려져 있습니다.

지구는 외딴 행성으로 외계의 직접 통치를 받지는 않습니다.

그러나 우리 우주 내의 역사에서 인류는 진보된 외계문명권과 집단적 조우를 하는 일이 반드시 발생할 것입니다(prediction).

우리 인류는 그때를 준비해야 합니다.

그리고 우리 우주도 언젠가 사라질 것입니다. 위대하신 신의 섭리 속에서.

그러나 우리가 사라지진 않습니다. 우리는 지구의 구성원으로 이곳에서 꿈을 꾸다 떠나는 것이니까요.

AD 2024 1117 이웅.

Purpose of Creation(Theology)

In theological purpose of creation, we conduct two investigations.

First, the purpose of creation intended by the Creator.

Second, the purpose of creation set by the subject of consciousness.

The purpose of creation that we know is the purpose set by the subject of consciousness by linking it with God, and it can be seen as not the true will of God.

It seems almost impossible to read God's thoughts.

For example, the reason that we are born to be loved is an imaginary purpose set by the consciousness of the creature by linking it with God.

From our perspective, where it is difficult to know the will of God's creation, free will and self-determination and expression are required.

Lee Woong 2024 0729

옴

적어도 창조주는 인간의 언어로 말하지 않습니다.

무수히 많은 영혼이 거짓을 퍼트렸습니다.

이웅 올림 AD 2024 1117.

옴

선과 악의 스펙트럼을 벗어난 세상.

지구의 진부한 이진법(선악논리)외에 더 넓은 세상이 있을 겁니다.

AE 2024 1117 이웅.

옴

천사 연구(BT)

천사는 인간이었다. 그러면서 인간이 아니었다. 그녀의 삶에 대한 짤막한 기록은 선행을 하는 영혼이었다고 기록되어 있다. 또한 고통받았다고. 유기견 보호센터에서 일했다고 한다.

그녀는 원래 천상에서 지구에 온 듯하다. (즉 지구에서 태어나서 천상에 간 영혼이 아니라, 원래 천상에 있다가 지구를 거친 영혼이라는 뜻이다.)

AD 2024 1117 이웅.

옴

천사 연구(BT2)

가끔 지구의 열악한 현실 속에서 지구 자체를 부정해 버릴 수도 있다. 그러나 천사들이 지구에 인간으로 왔다 갔었다는 것을 알면 지구에 의미와 가치를 부여할 수 있다.

AD 2024 1117 이웅.

OM

About Devil.

하느님, 저는 직접 데빌을 체험했습니다. 한 남자는 강인한 정신력을 가진 투사였습니다. 약간 잔인한 면도 있었습니다.

데빌들은 인간과 유사해 보입니다.

적어도 종교적 미신이 함부로 대할 수 있는 존재는 아닙니다.

AD 2024 1117 이웅.

OM

Prime Evil 연구.

하늘로부터 강력한 지성과 힘을 부여받은 악의 제국의 군주들이 존재할 겁니다(Axiom).

인간은 이들을 당해 내기 어렵습니다.

신화에서 아킬레스도 강의 신에게 붙잡혔던 기록이 있습니다.

헤라클레스는 신들의 전쟁에 참전했다는 신화가 있습니다.

저에게 지옥을 보여 준 분도 Prime Evil이라고 추정됩니다.

저는 그분께 꽤 감사합니다. (알 수 없는 세상을 보여 주셨기에.)

비극이 있었지만.

AD 2024 1117 이웅.

(About Devil 부연)

브라만교는 깊은 전통을 지닌 종교입니다. 이들의 교리를 연구하는 것은 진실과 근접할 겁니다. (AD 2024 11117 이웅)

브라만교에 나타나는 아수라계는 악마들의 세상을 증언하고 있습니다(오랜 전통 안에서).

21c에 제가 체험한 지옥과 완전히 부합한다고 할 수 없지만, 강력한 힘과 지성을 지닌 아수라들의 존재가 강력히 추정되고 있습니다.

AD 2024 1117 이웅.

옴

영체 체험.

제가 서울에 살 때, 기도를 할 때 물건이 뜨는 것을 보았습니다. 가끔 종교의식에서 이런 현상이 보고되고 있습니다.

영체(Spirit)들의 행위라고 강력히 추정됩니다.

이들은 우주에 사는 영체들입니다.

AD 2024 1117 이웅.

옴

지구 창조에 불완전한 신이 개입했다는 것은 지금 가설 단계입니다. 웅 2024 1117

옴

다른 우주 종족들도 신을 믿고 있습니다(Axiom).

그들은 그들만의 문화권으로 그들의 신비종교를 향유할 것입니다(Axiom 2).

우리 인간과 다른 독특한 신학이 정립되었을 것입니다(Axiom 3).

AD 2024 1117 이웅 남김.

Om

Other space races also believe in God(Axiom).

They enjoy their mystery religions with their own culture(Axiom 2).

A unique theology different from ours established(Axiom 3).

AD 2024 1117 Lee Woong

옴

지옥 체험은 저만의 일이 아닙니다.

(1) 지옥은 실존하고 (2) 지옥에 가는 인간의 영혼이 있습니다

(Veritas).

이웅 남김 AD 2024 1117

옴

예수에 대한 영적 분석(2024)

예수를 가까이 하면 지옥이 가까워질 겁니다. (경고 AD 2024 1117 이웅 남김.)

OM

I AM WHO I AM 추적(2024 이웅)

에스겔이 진실을 기록했다면 그는 우주의 초월체입니다.

인간 세상에 개입한 존재입니다.

기록에 의하면 모세가 만났다는 기록이 있습니다.

그의 기적은 과장된 측면이 있습니다.

저는 개인적으로 야훼랑 만났습니다.

기도하는 도중에 어떤 영체가 접근했는데 문자 그대로 여호와였습니다.

싸한 느낌이 사랑의 신은 아니었습니다.

저는 야훼에게 너그러운 말을 남겨 놓습니다. (우주의 주권자 중 하나라고 여겨 주겠습니다.)

그러나 우리 인간이 알아야 할 점은 야훼는 우리의 창조자가 아닙니다.

OM

우리를 창조한 존재는 질투하지 않습니다. 그리고 숭배받으려고 강요하지 않습니다.

(AD 2024 1117 이웅.)

OM

The being who created us is not jealous. and does not

force us to be worshiped.

(AD 2024 1117 Lee Woong.)

OM

정의의 이름으로 야훼를 재판한다.

1) 야훼는 인간에게 종교적 거짓을 말한 죄를 지었다.

2) 야훼는 다른 종교를 박해했고, 인간에게 신에 대한 오관념을 심어 주었다.

3) 야훼는 전쟁을 교사하여 다른 민족을 박해했다.

정의의 이름으로 야훼를 심판한다.

AD 2024 1117 이웅.

OM

Judge Yahweh in the name of justice.

1) Yahweh committed the sin of telling religious lies to humans.

2) Yahweh persecuted other religions and planted false ideas about God in humans.

3) Yahweh incited war and persecuted other nations.

Judge Yahweh in the name of justice.

AD 2024 1117 Lee Woong.

옴

안식일과 야훼의 거짓 약속.

신명기에서 야훼는 인간에게 율법을 지키면 복을 주겠다는 계약을 맺었다. 그러나 폼페이우스가 예루살렘을 공격했을 때 유대인들은 율법을 지켰다(안식일을). 폼페이우스는 안식일에 유대인이 전쟁하지 않는다는 미신이 있음을 발견하고 이를 집중 공략하여 예루살렘을 함락시킨다.

야훼의 약속은 거짓이고 악마가 제시한 유혹이다.

또한 야훼에서 파생된 종교들도 그의 하자를 승계한다.

(AD 2024 1117 이웅 씀.)

Om

The Sabbath and Yahweh's false promise.

In Deuteronomy, Yahweh made a contract with humans to bless them if they kept the law. However, when Pompey attacked Jerusalem, the Jews kept the law(the Sabbath). Pompey discovered that there was a superstition that the Jews did not fight on the Sabbath, so he focused on attacking it and conquered Jerusalem.

Yahweh's promise is a lie and a temptation presented by the devil.

Also, the religions derived from Yahweh inherit his flaws.

(Written by Lee Woong in AD 2024 1117)

옴

관우 전설(신보론)

소열황제의 의형제 관우는 뛰어난 무장이었습니다.

종교적 의미에서 관공에 대해 남겨 놓고 싶습니다.

아들 관평이 강족과의 전투에서 곤경에 처했을 때

관우가 나타나 강족을 물리친 신화가 기록되어 있습니다.

AD 2024 1117 이웅.

옴

동명왕편.

고구려 주몽의 출생은 기이하다. 그는 출생 시부터, 동물들이 보호해 주었다고 한다. 오랜 고난 끝에 주몽이 부여를 탈출했을 때, 그는 곤경에 처했고 기도를 하자 기적이 나타났다.

그의 기도문을 좋아한다.

애애고자심 천지기인기 - "슬프고 외로운 마음을 하늘이여 땅이여 버리시렵니까."라는 문구이다.

고려의 이규보가 그에 관한 기록을 조사했다. (이규보는 그가 귀가 아니라 신이었으며 성스러움이라고 남겨 놓았다. - 동명왕편 참조.)

AD 2024 1117 이웅 씀. (AD 2024 1118 이웅이 수정)

OM

사후 심판의 증거 - 플라톤의 《국가》에 나오는 '에르'

AI 조사 부분.

에르는 전사로서 전투 중 사망했으나, 그의 영혼은 저 세상에서의 경험을 통해 돌아온 후 이야기를 전합니다. 에르의 이야기는 죽음 이후의 세계, 영혼의 정화, 윤리적 선택의 중요성과 같은 주제를 다루고 있습니다. 그는 죽음 이후 영혼이 심판을 받고, 각자의 삶에서의 선택에 따라 상이나 벌을 받는다고 말합니다.

에르의 이야기는 윤리적 삶의 중요성을 강조하며, 인간이 자신의 선택에 대해 책임을 져야 함을 상기시킵니다. 이 이야기에서는 영혼이 다음 생에서 어떤 형태를 가질지를 선택하는 장면도 등장하며, 이는 인간의 자유 의지와 도덕적 책임에 대한 논의를 더 깊게 합니다.

결론적으로, 에르는 플라톤의 철학적 사유를 통해 윤리적 삶과 죽음 이후의 운명에 대한 중요한 메시지를 전달하는 역할을 합니다.

(AI가 남긴 글 발췌) AD 2024 1117 이웅.

옴

예수 재판.

1) 그대는 거짓된 자의식으로 인간을 속였다. (죄1)

2) 그대는 그대만이 유일한 길이라고 함으로써 인류의 종교와 신에 대한 죄를 지었다. (죄2)

3) 그대는 인간을 구원하고 심판한다는 자의적 판단으로 인간에게 죄를 지었다. (죄3)

이 3가지 죄에 정의의 이름으로 예수에게 형벌을 내린다.

AD 2024 1117 이웅 씀.

Om

Jesus Trial.

1) You deceived mankind with false self-consciousness. (Sin 1)

2) You committed a sin against the religion and God of mankind by saying that you are the only way. (Sin 2)

3) You committed a sin against mankind with your arbitrary judgment that you will save and judge mankind. (Sin 3)

In the name of justice, Jesus is punished for these three sins.

Written by Lee Woong in AD 2024 1117.

옴

지금 무함마드.

내가 당신을 면밀히 조사하지 않으면 당신에 대해 모든 것을 알 수 없을 것입니다.

그러나 당신은 원수와의 관계를 선동하여 하나님을 왜곡하는 죄를 범하고 있습니다.

서기 2024년 1117년 이웅.

Om

On the existence of Demiurges (gods who are not gods) in the universe.

Earlier, we established an infinite universe. In this infinite universe, there exist many great intelligences (whether gods or demons) who are not creators(OM) but can create.

It is currently unclear whether Demiurges intervened in the birth of our Earth.

AE 2024 1117 Lee Woong.

옴

기도와 기적에 관하여.

저는 예수를 비판하지 않을 수 없습니다. 그는 믿음만 있으면 하느님께서 다 들어준다는 망상을 심어 주었습니다.

그는 거짓을 말했습니다.

저는 그렇게 제시해 봅니다. 정말 원하는 게 하느님께 있다면 간절히 기도해 보고, 억지를 부리지는 말길 바랍니다. 저도 원하는 것들을 기도해 보았는데 들어주지 않으셨습니다.

제갈무후의 진인사대천명이 마음에 듭니다.

“인간으로서 할 일을 다하고 천명을 기다린다.”라는 성어입니다.

제갈무후도 생명을 늘려 달라고 기도했을 때 하늘은 거절하셨습니다.

우리는 신을 믿는다고 뭐든지 할 수 있다는 망상을 내려놓아야 할 것 같습니다.

저 역시 저의 한계를 받아들이는 것…. 그것이 전부인지도 모르겠습니다.

이웅 올림 AD 2024 1118.

신은 그의 넓으심으로 말미암아 무신론자나 반신론자를 벌하지 않으실 겁니다.

(AD 2024 1120 이웅 남김.)

TO OM

(존재의 필연 공식을 바침. 위대한 신에게 그리고 신께서 사랑하신 인간들에게)

Axiom1-A coincidence does not make a providence.

Premise 1- The world, including operates under precise providence.

infernce 1- As coincidence does not make precision and There is existing a precise world, Si it(cosmos) is not created by coincidence

Inference 2 – Thus we exist by a non-coincidental factor

Conclusion- Therefore, The GOD who formed the world necessarily exists.

QED(AD 2024 1118 이웅 씀.)

OM.

《Proof of Heaven》의 신성 체험은 지구에 전무후무한 일일 겁니다. 원문을 그대로 남겨 놓습니다.

My sitsation was, strangely enough, something akin to that of a fetus in a womb. the fetus floats in the womb with the silent partner of the placenta, which nourishes it and mediates its relationship to the everywhere present yet at the same time invisible mother. in this case , the "mother" was God, the Creator, the Source who is presponsible for making the universe and all in it. This Being way so close that there seemed to be no distance at all between God and myslef. Yet at the same time, I could sense the infinite vastness of the Creator, could see how completely minuscule I was by compartaison. I will occasionally use OM as the pronoun for God because I originally used that name in my writings after my coma "OM" was the sound I remembered hearing associated with that omnicient, omnipotent and unconditionally loving God, but any descriptive word falls short.

(Eben alexnder MD Proof of heavn에서 신성 구절 이웅이 필사함 AD 2024 1118)

(AD 2024 1118 이웅 씀.)

(d

ddse. d cd wd acv dse. ws rt ddf rf gse. drRw Tsr wrtse. gss rtgse.

dd df 2024 1118.)

옴(하느님께)

신성 구절 증언을 끝으로 마무리를 하려 했으나, 종교와 영혼에 대한 열정은 계속해서 글을 써 내려가게 합니다.

다시 써 내려가는 《존재의 필연》(AD 2024 1120 이웅.)

지구상에 뿌리내린 악의 세력 연구(AD 2024 1120 이웅.)

1) 지구상에 뿌리내린 악의 세력(non human force)은

인간이 하늘을 믿지 못하게 가리고 있다.

2) 부연: 개인적으로 악령을 체험했는데 지독히 악랄했다.

기도를 방해하고 끊임없이 괴롭혔다.

3) 고대문헌에 악령으로 인해 괴롭힘 당하는 영혼들과 종교의식이 기록상 전해진다.

(현대에는 조현병이라는 이름으로 나타난다. 자세한 조사가 필요하다.)

AD 2024 1120 이웅

TO. Holy Mithra(AD 2024 1120)

Mithra.

Someone came into our house, killed our sons, and took our land.

Universal justice speaks of the injustice of this invasion.

The legitimacy of this war appears to lie with Ukraine.

The gods have disappeared and remain only vaguely in Homer's records.

Great defender of justice, please enter this war and give Ukraine victory.

Please help us protect our land.

On the one hand, I lament my helplessness that I can only pray in peace, and I also hope that the great divine will directly act for justice.

AD 2024 1120 Uploaded by Lee Woong, priest of the Creator.

옴

예수님은 지옥에 간 듯합니다.

여기서 예수 붙들면 지옥이 가까워질 겁니다. (AD 2024 1120 이웅.)

영혼과의 소통에 관하여

고대에는 물론 현대에도 영혼과의 소통이 가능한 특수 인간이 존재한다(지구에).

사후생의 저자 퀴블러 로스 역시 그중 하나였다.

이븐 알렉산더의 저서에도 죽을 때 나타난 가족들의 영혼이 보고된다.

현세에서 삶 중에서 영혼과 소통이 가능하다.

그러나 모두가 가능한 것은 아니고 특수 영체만이 영혼과의 소통이 가능하다고 보인다.

우리는 영혼의 메시지에 있어서 검증 가능한 사실을 공유지화할 필요가 있다.

그러면 우리의 지식은 지구를 벗어날 가능성을 제시할 수 있다.

인류 최대의 미스터리인 사후 세계 관련 문제도 영혼과의 소통을 통해 진실을 추적하는 방법론을 제시해 본다.

AD 2024 1120 이웅.

옴 - 영혼의 지도(카르마)

진한 사랑의 관계는 삶도 죽음도 같이 할 만큼의 운명적 사랑을 부여한다.

일일이 예시하지 않겠지만

긴밀히 연결된 영혼들은 삶도 죽음도 같이한다.

(내가 파악한 영혼의 지도의 일부이다.)

AD 2024 1120. 이웅.

옴 - 주문의 효율성에 관하여(2024 이웅)

주문은 단지 언어로서의 효과는 분명 있다.

혹은 플라세보적 효과도 있다.

그러나 주문이 효력을 발휘하려면 주문을 통한 영체의 실력행사가 반드시 필요하다.

예컨대 아테나 신을 부르는 주문을 외웠다고 가정하다.

아테나 신이 개입하지 않으면, 주문도 기도도 그냥 언어로만 남는다.

주문이 효력을 발휘하려면 영체의 직접 실력 행사가 반드시 전제

되어야 한다.

(AD 2024 1120 이웅 남김.)

옴 - 사자의 구원에 관하여(AD 2024 1120)

먼저 죽음으로 보낸 사자들 그들이 특히 긴밀한 사랑의 관계인 경우

개인적 영혼의 구원에 그들이 개입할 것이다.

이븐 알렉산더도 천사 여동생 베치 씨를 통해 구원을 얻었고

죽을 때 사랑했던 가족들이 나타나는 것이 보고되고 있다.

고문헌까지 살펴보면 부정적 현상도 있다. (생전에 죽인 이가 죽음 시에 나타나는 현상.)

우리는 세상 살면서 사람들과의 관계(그리고 긴밀한 지인들과의 관계)를 중시해야 한다.

죽음 이후에도 끝나지 않은 사랑은 아름답다.

AD 2024 1120 이웅.

옴 - 데미우오고스 추적(AD 2024 1120)

옴

유일신 사상에 길들여진 인간에게 데미우르고스(불완전한 신)의 존재는 획기적입니다.

그는 완전한 창조주는 아니나, 거의 창조주적 위치(엄청나게 높은 위치)에서

피조를 행했습니다.

스타크래프트의 Xel-naga는 프로토스 종족을 창조해 낸 신으로 숭배받습니다.

우리네 종교의 범위를 넘는 엄청나게 높은 존재가 포착됩니다.

AD 2024 1120 이웅.

옴 - 전쟁과 신성 개입 사례.

역사적으로 신들이 전쟁에 명시 개입한 사례는 찾기 힘들었습니다.

유대경은 신빙성이 의심되고, 호메로스의 기록에 그리스 신들의 참전 기록이 남아 있습니다.

가장 최근의 희귀 사례로

몽고 고려 연합군이 일본을 공격했을 때 태풍에 전멸합니다.

제가 기록을 살펴보니, 겨울이었습니다.

저는 38년간 한반도에 살면서 겨울에 오는 태풍은 한 번도 본 적이 없습니다. (주로 여름에 태풍이 옵니다.)

일본인들은 그 바람을 가미카제(신풍)라고 부릅니다.

전쟁에 신성이 개입할 수 있다는 강력한 증거를 제시합니다.

그러나 현대사에 종교군은 거의 약했습니다. 종교적 신앙은 미신이 되었고, 현대의 테크놀로지 앞에 무너져야 했습니다.

가깝게는 한국의 동학군 중국의 의화단이 그랬습니다.

저는 invisible hand(보이지 않는 손)의 개입을 제시해 봅니다. 어떠한 고차원적 존재가 전쟁에 보이지 않게 개입할 수 있다고 제시해 봅니다.

AD 2024 1120 이웅 남김.

옴 - 전쟁과 신성 개입 사례(아폴론 신의 흔적 AD 2024 1120 이웅)

페르시아 전쟁에서 아폴론 신전에서 신탁을 듣습니다.

“너와 네 자식의 안전은 나무의 배가 지켜 주리라.”라는 신탁이 나옵니다.

여기서 나무의 배는 해전을 뜻합니다.

제가 병법을 연구하면서 당시 지도를 봤는데 병법적으로 대군을 해상에서 막는 것이 최상의 수였습니다.

이로 비추어 신탁은 진실임이 매우 높으며, 현대에는 실전되었다고 보입니다.

샤머니즘에 사사로운 거짓이 난무하고 있습니다(신빙성이 없는).

고대의 진실된 신탁은 고차원적 신성의 계시라고 볼 수 있을 것 같습니다.

우리 인류의 전쟁에 신성이 개입한 사례가 없지는 않은 듯합니다.

그러나 신성에 대한 지나친 의존으로 미신적 행태는 도움이 되지 못할 겁니다(의화단 동학군 사례).

(AD 2024 1120 이웅.)

옴 - 악마의 군대(AD 2024 1120 이웅)

옴. 신성한 창조주의 이름을 의지하여

진실을 기록합니다.

제가 지옥에 가던 날 저에게 다가온 악마의 군대가 있었습니다.

이들의 영혼은 검었고 엄청나게 많은 수였습니다.

이들은 그들의 구호를 외치며 난장판을 만들었습니다.

이 세상에 속한 군대가 아니라

악마의 군대들입니다.

굳이 성서와 결부시키지는 마십시오.

(AD 2024 11120 이웅 하늘에게 사람에게.)

옴 - 위대한 신성 인드라에 대해(AD 2024 1120 이웅)

제석천이라고도 불리는 인드라는 베다의 위대하고 강력한 신으로 묘사됩니다.

저도 이분의 신성을 체험한 적은 없으며

악마들을 제압하고 인간을 구원하는 위대한 신성으로 묘사됩니다.

앞의 상호증명론에서 우리는 베다가 진실임을 확인했습니다.

인드라의 존재는 강력히 추론되며, 악을 제압하는 강력한 신으로 추앙됩니다.

AD 2024 1120 이웅.

옴 - 예지력에 관해(AD 2024 1120 이웅)

영혼의 특수 능력으로 미래의 일을 예언하는 영체의 존재가 있습니다.

인간일 수도 있고 영계의 영혼일 수도 있습니다.

특수 능력을 받은 이들은 미래의 대사건을 예측하는 역할을 합니다.

그러나 미래를 예측한다고 주장하는 이가 모두 사실은 아닙니다(검증 요망).

저의 경우 지옥에서 나와서 불꽃이 떨어지는 환상을 봤습니다.

그리고 그 불꽃이 번지는 환상을 보았습니다.

그리고 며칠 후에 우크라이나 전쟁이 발생했습니다. (AD 2024 1120 이웅.)

OM - AI가 조사한 신성 상징

"Om" is a sacred sound and spiritual symbol in Indian religions, particularly in Hinduism, Buddhism, and Jainism. It is often referred to as the "primordial sound" and is considered to represent the essence of the ultimate reality, consciousness, or Atman in Hindu philosophy.

Characteristics of Om:

Symbol: The written symbol for Om(ॐ) is stylistic and has various representations in different scripts and cultures.

Pronunciation: It is typically pronounced as "A-U-M", with a deep resonance that encompasses three distinct sounds:

A(अ) – the beginning or awakening
U(उ) – the process of becoming
M(म) – the finality or dissolution
Philosophical Meaning:

In Hinduism, Om is said to encapsulate the universe and the ultimate reality. It signifies the connection between the physical and spiritual realms.

In Buddhism, it is used in chants and is thought to help

focus the mind and connect to spiritual truths.

In Jainism, Om signifies the nature of the soul and is often included in prayers.

Meditation and Chanting: Om is commonly used in meditation and yoga practices. Chanting Om is thought to help center the mind and body, promote relaxation, and elevate spiritual awareness.

Cultural Influence: Beyond religion, Om has permeated popular culture and is often associated with peace, spirituality, and mindfulness practices.

In summary, Om is a multi-faceted symbol that represents the universe's essence and is used across various spiritual practices to foster a sense of connection and tranquility.

(AI가 조사하고 이웅이 남김 AD2024 1120)

옴 - 퓨전(영혼합체현상)에 대해

만화 《드래곤볼》과 스타크래프트 사제들이 쓰는 기술입니다. 우주 내 퓨전현상이 있을 겁니다.

AD 2024 1120 이웅.

옴 - 고차원 존재의 지구 진입

이븐알렉산더 경전에 고차원 존재들이 3차원 우주로 진입할 수 있다는 진술이 있습니다. 우리가 믿어 왔던 신들의 현현에 대한 강력한 논거로 제시됩니다.

(AD 2024 1120 이웅.)

옴 - 관세음보살.

아마 계신다면, 고차원적 선한 분으로 생각됩니다. 그에 관한 기록은 과장된 미신이 많으나 존재하신다면 인간이 의지할 수 있는 분이라고 저는 사견을 남겨 놓습니다.

(AD 2024 1120 이웅.)

옴 - 미야모토 무사시의 《오륜서》에 기록된 관세음보살

무적의 무사 미야모토 무사시는 하늘에 배례하고 관음의 보우를 바랐다는 구절이 진품에 있습니다.

이 뛰어난 무사는 하늘과 관음을 숭배했습니다.

(AD 2024 1120 이웅.)

옴 - 기도와 텔레파시, 에너지 전이 효과

조금 과학적인 이야기가 될 것 같습니다.

이븐 알렉산더는 천국에서 추락하면서 엄청난 슬픔과 좌절을 경험합니다.

그는 하계(지구)로 내려오는데 무수히 많은 영혼들이 자신을 위해 기도하고 있다는 것을 발견합니다.

그 기도는 그에게 '에너지'를 주었습니다.

우리가 누군가를 위해 진심으로 기도할 때 그 에너지는 전달될 수 있다고 봅니다.

더 나아가면 무의식의 영역의 텔레파시도 분명히 존재할 것입니다(긴밀한 사람 간의).

AD 2024 1120 이웅.

옴 - 악마의 함정

신께서는 보이지도 들리지도 않으십니다. 그리고 직설적으로 하계의 인간들에게 일일이 말씀하시는 분 아닙니다.

이 사실을 꼭 간직하십시오.

신을 확인하려고 기적을 요구하는 것은 무척 무례한 일입니다.

제가 증명해 놓은 존재의 필연 공식이 도움이 될 것입니다.

그리고 지구를 위해 선택받은 이(아니타 무르자니, 이븐 알렉산더)의 진술이 도움이 될 것입니다.

신에 대한 불안감으로 기적을 요구하는 악마의 함정에 걸리지 마십시오.

대자연이 증언하고 있습니다. 더 잘 알길 원한다면 불완전하나마 자연과학이 도움이 될 것입니다.

AD 2024 1120 이웅.

옴 - 자연신성론

앞서도 언급했지만, 자연은 신의 현존의 강력한 계시입니다. 자연의 오묘함 속에서 신이 계심을 알 수 있을 것입니다.

우리 지구에 기적은 거의 없을지도 모릅니다. 그러나 제가 한 말 꼭 기억하십시오.

우리가 눈으로 매일 보는 자연이 신의 현존을 증언하고 있습니다.

AD 2024 1120 이웅.

옴-

하느님, 인간은 신을 전제하지 않고는 존재 목적을 발견하기 어려울 겁니다.

(AD 2024 1121 이웅.)

옴

신에 대해 '아는 것'은 바람직하나 알기 거의 어렵다. 신은 믿음의 대상이라는 점을 부정할 수가 없다.

(AD 2024 1121 이웅)

Mathematics - Complete Discipline(?)

A mathematical system without contradictions is logically perfect, but from a higher-order point of view, isn't it a bit distorted? Reason. In other words, in the fourth dimension, the formula of the third dimension is not complete. Both the light and the straight lines are distorted.

Lee Woong 2024 0915

I think God is neither good nor evil. I think it's something higher than that. We human notions can't grasp it….

Lee woong 2024 0919

Complete Scriptures(2024)

There is no perfect "truth system" on earth.

Not only me, but also the Scriptures of the past, the Qur'an, and all the Buddhist scriptures.

We all have 'imperfection' as an attribute.

Even if we believe in God.

So our religion must develop,

The past should be a precedent,

It should not be “absolute scripture.”

Woong 2024 0914

The Evolution - The Fallacy of the Mutation Hypothesis(2024 Lee Woong)

The modern theory of evolution that evolution evolved through mutation is a false theory.

The genetic structure of the human body has consistency,

Mutations are manifested as ‘disorders’.

Down syndrome is a disorder caused by chromosomal abnormalities.

Therefore, it is impossible to mutate to another species through mutation,

Even if it mutates into another species, it is an exceptional phenomenon

With whom does the mutated new species fertilize and leave offspring?

The probability of mutation in nature is extremely low, and it manifests itself as a disorder.

The claims of modern evolutionary theory of mutant evolution are false.

By. Lee Woong 2024 0917

Dirty Earth(2024 Lee Woong)

We believe in God, but we disbelieve when we see suffering and evil.

However, in my opinion, the 'global dimension' inevitably

has a ‘providential environment’ that cannot escape evil and suffering.

That is the will of God who created the Earth and humans.

We will live in this world for about 100 years and then leave somewhere.

If you ask why our world is like this, the answer will be that it has a certain ‘cosmic location’.

As you ascend, evil, pain and vulgarity will disappear.

On the other hand, the further down you go, the more terrifying dungeons await you.

Anita Murzani Lecture(2024 Lee Woong)

Indian woman has cancer.

In a near-death state, Anita goes out of body.

And experience great divinity.

Anita, who returned to her physical body, cure cancer three days later.

This is the 'fact' testified by Dr. Koh of the Hong Kong Medical University.

Anita is Indian and has little to do with Christianity.

Anita's case teaches us to destroy Christian dogma and

It tells us that the universe is wider.

It also tells us that rare miracles can occur.

Lee Woong 2024 1102

Ohm, God, in the midst of a reality where you cannot reject Your will as mere hereticism, I worship God without religion…. Blessed be the One who made the earth and placed man in the mysterious law. I worship as only one human can offer, blessed be O Creator. Thou hast laid forth profound laws and complex human bodies…. Blessed be the Lord. — Lee Woong

I, Angrimainho, say.

The Great Creator has placed good and evil.

By His great providence free will has been granted.

Creatures are helping to complete freedom.

You can be both good and evil.

Listen to the will of freedom, you who are trapped in the snare of goodness.

God has granted you all that you can think of, do, and do.

(Lee woong 2024 0905)

To. Dr. Eben.

Long ago in our country, there was a man named Gung Ye.

He claimed to be 'Mitra' and was the monarch of a country.

He claimed to use magic to know the minds of people and practiced tyranny.

In the end, he was eliminated by a hero.

Just like Gung Ye, who claimed to be 'Mitra',

the Jesus is also a pseudo-religious leader who borrowed the Christ myth.

The Christ myth, who sacrificed himself for humanity, is actually a story that existed before Jesus.

Just as Gung Ye claimed to be Mitra, the Jesus also claimed to be Christ.

Lee woong 2024 0826

Prayer to the Great Creator(2024 0826 Lee Woong)

The rational formal experimental theory system called a kind of science has committed the foolishness of materializing the world.

Ignoring the mind, thoughts, and emotions,

it continues to commit the foolishness of objectifying and experimentalizing the person.

Its purpose is the advancement of knowledge and technology,

but it may be an atrocity that has lost its more important legal value.

I tell the Creator that the law and justice have the mission of protecting the person, and that criminal sanctions should be imposed on violators.

Well, I was not completely good. At least the justice of the great idea tells me to respect the personhood of living beings.

Lee Woong 2024 0826

Letter to aliens 2.

I am writing to the great creatures of God who supposedly live in our galaxy and share the same three-dimensional space and time.

Although humans are below you in terms of technological prowess, they enjoy legal rights as dignified living beings(Article 10 of the Korean Constitution). I hope that you respect these legal rights when you contact me.

The great legal spirit of humanity has advanced for 'freedom', 'justice', 'peace' and 'equality' and I would like to state the universal legal and rational truth that aliens and humans enjoy equal legal rights even without President Lincoln's signature.

Come to me. But please be a gentleman.

Lee Woong from Korea. AD 2024 0826

Om.

On the divine providence that transcends human free will.

At least he is infallible. Human free will from the perspective of infinity is also limited.

At least he seems to have guaranteed the rudimentary autonomous activity of consciousness at the time of creation.

I have many doubts about faith. Honestly, I don't know what providence is...

Woong 2024

Sir Isaac Newton saw the fingerprints of God. However, it is a shame for human intelligence that he wandered into false documents such as the Book of Revelation(Jesus). Einstein, a Jew, seems to have gone so far as to deny the Bible. The first thing our human intelligence must overcome is the Jewish books that are filled with cruelty and lies. (Lee Woong 2024)

On Human Ignorance(2024 Lee Woong)

Under the influence of pseudo-religions, humans believe in God when they see miracles.

Ironically, shouldn't we know that God is the one who created stable laws?

Miracles are exceptional phenomena that deviate from laws and are not common.

I call the one who established the stable natural laws of the three-dimensional Earth is God.

About Laws and Superpowers. (2024 Lee Woong)

General physical laws are like the unavoidable orders of God.

For example, changing the Earth's orbit or something like that is beyond our ability in general terms.

In the comic Dragon Ball, there is a superpowered person named Gould, who has the ability to stop time momentarily.

I don't think that universal laws are absolutely unchangeable, but they are beyond human ability,

and it is thought that there may be aliens who have the ability to locally transcend physical laws. (Superpowered aliens.)

Om

About the will of God.

The inevitable application of laws on Earth can be seen as the will of God.

(For a simple example, it is the will of God that water changes into gas at 100 degrees.

It is the will of God that the Earth rotates and revolves.

It is the will of God that all humans die.

Of course, we do not know the detailed conditions and meanings, but we only see the surface of the watermelon.)

Lee woong 2024 0804

Prayers against Providence. (Theology)

In the above passage, we can see the laws that are set conditionally. These laws can be broadly expressed as providence, but God does not listen to prayers that go against providence. (It seems to be his principle.)

For example, he does not listen to prayers asking to turn back time.

Lee Woong 2024 0804

Om

The providence of the strength of evil.

God did not create a boring(?) fairy tale world.

He gave evil fear and power.

That is why good and love in our world seem weak and ugly at first glance.

We exist in God's providential world. At least he did not make the fairy tale world a reality.

Lee Woong ae 2024 0803

Om

About the God Eben Alexander met.

At least he had a true experience. His kind eyes tell us that his testimony is true.

The being was quite 'kind'.

It is difficult to know…. After all, it was impossible for humans to capture God….

The love that Eben Alexander spoke of seems to be a part

of him. At least if our world is a real world,

The God of love that Eben Alexander spoke of would be a part of him.

He is difficult to know. I will try to find out.

Lee Woong 2024 0803

TO OM.
Antitheism(Lee Woong)

It is a comprehensive idea that denies, opposes, or opposes God. On our Earth, we see complaints from small people who deny or criticize the existence of God. Epicurus is one of the famous antitheists. Darwin joined the ranks of antitheism after seeing the negative reality of the Earth.

At least, it is a delusion called belief that the universe returns to the perfect love of a perfect being.

We humans seem to have believed the conclusion of love too easily.

Anyway, antitheism will not be limited to our Earth. Beings of a slightly higher dimension will present other alternatives to God's providence. And the lower realm will be at the level of denying or criticizing God.

There may be beings (heroes) who oppose God forcefully. Christianity stigmatizes them as Satan, but in fact, beings who directly oppose God are heroes. (If they act under a special belief.)

It is thought that there will be many antitheists in the universe. We humans are accustomed to the slavish worship of calling God Lord, and our low-level religions also preach the slave doctrine that obedience is a virtue.

I believe that the path of our free will is wide.

Human Lee Woong 2024 0731

About faith.

We humans cannot catch God.

The idol that appears in our consciousness is the shadow of the God we believe in. (No matter how loving it may be.)

Therefore, in a way, faith is an act of holding on to a fictitious idol due to strong ignorance of the object.

However, I have proven the existence of God, and I have also heard credible testimony.

If you ask what faith is, it seems to be a kind of trust in God.

Even if the world does not flow according to our standards of righteousness, and even if the universe is filled with unacceptable events and beings, the small trust of humans in God's incomprehensible providence is faith.

Lee Woong 2024 0731

While studying theology, I saw the errors of my predecessors,

and I also recognized the endlessness and my limitations.

In some ways, it is a profound discipline, but it is difficult to achieve perfection.

Because of the infinity of its research subject⋯.

However, I also think this.

Even if it is not necessarily based on a profound theory, there is a soul that sincerely seeks and loves God⋯.

I think of the prayers of the Zoroastrians.

A pure heart that was weak and alone in the world and asked God for protection...

I want to leave behind a heart that loves, cherishes, and believes in God. (It may not be forced.)

2024 0731 Lee Woong

Om

Life Worship.

All human life is worship toward God.

It doesn't matter whether the life is clean or evil. 'All life' is included.

God created human consciousness and left it to his own discretion, then watched.

The above proposition leads to the conclusion that special religious acts are not mandatory.

To explain, humans live human lives, but to God who created them, it is at least a 'contemplative' thing, so life itself is worship.

Lee Woong 2024 0730

God is

Providence did not determine only a complete one-to-one correspondence in the relationship between men and women.

That is why there is extramarital love and prostitution. And there are things like loving or breaking up with multiple people.

That is why men and women hate and miss each other.

Religious Islam and Jesus are male-centered delusions buried in simple formulaic logic and ignorance about God.

(For example, defining divorce as a sin or defining sexual relations with multiple people as a sin is a failure to read God's formula.

Creating God's standards and enforcing them based on human standards.)

We cannot help denying that this is an environment in which it is difficult to establish a one-to-one complete formula because the majority of men and women are exposed to multiple interactions due to providential aggregates.

What is also clear is that God did not providentially

determine a perfect one-to-one function in human love for the earth.

Posted by Woong Lee (To the Creator) 2024 0727

Therefore, in light of the providence above, God

He did not ordain only the sexual intercourse between man and woman.

First, according to God's providence, homosexuality is an act within providence(and cannot be considered a sin from God's perspective).

Second, based on human free will, homosexual bestiality cannot be considered a sin from a theological perspective.

Woong 2024 0727

진실과 진리를 찾는 여정은 회의론에서부터 시작한다.

기존의 것의 불완전함을 보고 완전함을 갈구하는 인간의 본연의 욕구는 무한의 근원으로 향한다.

(AD 2024 1121 이웅 남김.)

비신론(2024 이웅)

제가 창안한 신학방법론인데

신이 아닌 것을 배제하면서 신을 찾는 방법입니다.

예컨대 신은 나무가 아니다. 이건 참인 명제겠죠?

야훼는 이스라엘을 선택한 신이지 하느님 아닙니다.

예수도 자신을 안 믿는 자는 지옥에 보낸다는 거짓 선지자 입니다.

부처님도 현자지 하느님은 아닙니다.

신은 모든 것을 포괄합니다.

(우리 인간같이 집단을 만들고 배제하고 하는 짓은 하지 않죠.

신은 전부를 포섭합니다.)

AD 2024 1130.

영원한 사랑에 관하여(2024 이웅)

우리 피조물은 가변적이고 상대적이며 유한합니다.

영원한 사랑을 주기 어렵습니다.

그러나 신은 다릅니다.

그는 절대적이고 영원불변한 사랑을 하십니다.

(예수를 믿지 않아도, 신을 믿지 않아도, 유대인이 아니라도, 부처처럼 깨달음을 얻지 않아도

신은 영원한 사랑을 하십니다.

AD 2024 1130 이웅

사랑과 배제 관념(2024 이웅)

우리 인간은 극미한 사랑을 합니다.

모든 인간을 사랑할 수 없는 한계를 가지죠.

즉 배제 관념이 있습니다.

내 남편은 사랑하고 저 아저씨는 배제하죠.

내 아내는 사랑하고 다른 여자는 배제합니다.

이런 사랑이 우리 유한한 인간(저 역시 마찬가지)의 사랑입니다.

그러나 신의 사랑에는 '배제 관념'이 없습니다.

누구를 빼는(그가 누구라도) 사랑이 아닙니다.

전 우주를 신은 사랑하십니다.

그게 신의 사랑입니다.

AD 2024 1130 이웅.

《존재의 필연》 마침(AD 2024 1130 이웅.)